U0639549

不列颠古典法学丛编

欧诺弥亚译丛

霍布斯与自然法传统

Thomas Hobbes

[意]诺伯特·博比奥（Norberto Bobbio） 著

何俊毅　琚轶亚　译

华东师范大学出版社

上海

华东师范大学出版社六点分社　策划

欧诺弥亚译丛·总序

近十余年来，汉语学界政治法律哲学蔚然成风，学人开始崇尚对政治法律生活的理性思辨，以探究其内在机理与现实可能。迄今为止，著译繁多，意见与思想纷呈，学术积累逐渐呈现初步气象。然而，无论在政治学抑或法学研究界，崇尚实用实证，喜好技术建设之风气亦悄然流传，并有大占上风之势。

本译丛之发起，旨在为突破此等侧重技术与实用学问取向的重围贡献绵薄力量。本译丛发起者皆为立志探究政法之理的青年学人，我们认为当下的政法建设，关键处仍在于塑造根本原则之共识。若无此共识，则实用技术之构想便似空中楼阁。此处所谓根本原则，乃现代政法之道理。

现代政法之道理源于对现代人与社会之深入认识，而不单限于制度之塑造、技术之完美。现代政法世界之塑造，仍需重视现代人性之涵养、政道原则之普及。若要探究现代政法之道，勾画现代人性之轮廓，需依傍塑造现代政法思想之巨擘，阅读现代政法之经典。只有认真体察领悟这些经典，才能知晓现代政法原则之源流，了悟现代政法建设之内在机理。

欧诺弥亚（Εὐνομία）一词，系古希腊政治家梭伦用于描述理想政制的代名词，其着眼于整体福祉，而非个体利益。本译丛取其古意中关切整体命运之意,彰显发起者们探究良好秩序、美好生活之要旨。我们认为,对现代政治法律道理的探究,仍然不可放弃关照整体秩序,在整体秩序之下看待个体的命运,将个体命运同整体之存续勾连起来,是现代政法道理之要害。本译丛对现代政治法律之道保持乐观心态,但同样尊重对古典政法之道的探究。我们愿意怀抱对古典政法之道的崇敬,来沉思现代政法之理,展示与探究现代政法之理的过去与未来。

　　本译丛计划系统迻译、引介西方理性时代以降求索政法道理的经典作家、作品。考虑到目前已有不少经典作家之著述迻译为中文,我们在选题方面以解读类著作为主,辅以部分尚未译为中文的经典文本。如此设计的用意在于,我们希望借此倡导一种系统、细致解读经典政法思想之风气,反对仅停留在只言片语引用的层面,以期在当下政治法律论辩中,为健康之政法思想奠定良好基础。

　　译丛不受过于专门的政法学问所缚,无论历史、文学与哲学,抑或经济、地理及至其他,只要能为思考现代政法之道理提供启示的、能为思考现代人与现代社会命运有所启发的,皆可纳入选目。

　　本译丛诚挚邀请一切有志青年同我们一道沉思与实践。

欧诺弥亚译丛编委会

二零一八年元月

目　录

序　言

[vii]费波(Luigi Firpo)在为意大利都灵"乌泰特(Utet)"出版社策划一套"政治经典"丛书时,让我负责霍布斯(Thomas Hobbes)的著作。当时,《利维坦》(Leviathan)已经翻译过来了,《论公民》只有一部分译成了意大利文,①因此,我决定翻译《论公民》,并准备考证注疏资料。意大利解放的头两年,②2我在帕多瓦大学任教,讲授两门近代自然法理论史课程,③其中一部分就是霍布斯的政治哲学。我撰写的有关霍布斯的第一部作品是对卡尔·施密特的《霍布斯国家学说中的利维坦》(Der Levithan in der Staatslehre des Thomas Hobbes)一书的评论,它于 1939 年发表在《哲学评论》上。施密特的这本书使得霍布斯的机械主义国家观更加显著,使我感受到国家作为机器与国家作为人格之间的反差。这

---

① 霍布斯,《论公民》(De Cive),阿比奥(P. D'Abbiero)翻译并作序,Lanciano:Carabba,1935。这一译本只包括了《论公民》的前两部分,删掉了论宗教的第三部分。

② 英译者注:指 1943 年 9 月到 1945 年 4 月间,意大利和盟国签订停战协定后,意大利从德国占领下解放出来的这段时间。

③ 以《现代自然法的起源及其在 17 世纪的发展》(Le origini del giusnaturalismo moderno e il suo sviluppo nel secolo XVII,Padua:Litografia Tagliapietra,1946)和《18 世纪的自然法》(Il diritto naturale nel decolo XVIII,Turin:Giappichelli,1946)之名出版。

一反差成为我［viii］1946 年在帕多瓦大学学年开始时讲授的主题，我将其命名为"个人和国家"（La persona e lo stato）。①

古列尔米内提（Clelia Guglielminetti）博士翻译了《论公民》，它于 1948 年出版。我对该译本进行了修订，并撰写了导言，即本书的第三部分。1959 年，《一位哲学家与一名英格兰普通法学者的对话》的意大利语首译本出版后，《论公民》第二版也收录于《霍布斯政治著作集》（Opere Politiche）卷一（第一卷，也是出版的唯一一卷）中出版。此后，我再三回到这位空前伟大的首位近代国家理论的建构者那里。我第一次阅读霍布斯时，就被他俘虏了。每研究一次，我就越发意识到霍布斯思想的错综复杂。今天心浮气躁的评论者往往误以为这种错综复杂是一种前后矛盾，并将其归咎于无意识的模糊不清。本书最后部分就是这种不辍劳作、日益深入分析的成果。我在文中探讨了当时为学界所忽视的"霍布斯与社会团体（partial② 5 societies）"的主题。此文 1982 年发表于《哲学》（Filosofia）。

本书收录的第一篇和最后一篇论文分别写于 1948 年和 1982年。在这两篇文章之间，本书还收录了一个由几篇短文构成的附录，两篇关于霍布斯与自然法的论文（分别发表于 1954 年和 1962年），以及一篇关于霍布斯政治哲学的长文。这篇长文是为费波给都灵"乌泰特"出版社编辑的《政治、经济和社会观念史》（Storia delle idee politiche，econmiche e sociali）而作。费波这本书于1980 年出版。我在一篇更加简括的文章《自然法模型》（Il modello

---

① *Annuario dell'Università di Padova dell'a. a* 1946—1947，Padua：Successori Pena-da Stampatori，1948，pp. 15—26.

② 英译者注：由于没有更好的解决办法，我严格按照字面意思翻译了"*parziali*"这一意大利术语。霍比奥用 *parziali* 来表示在国家以内或以外的社会团体，这些社会团体缺乏"完备（complete）"社会（按照定义，即国家）的两个界定性特征：独立于任何更高的权力与绝对性，即其法律秩序之毋庸置疑的至上性。

giusnaturalistico,1973)中介绍了这一文集。我在文中概述了处理政治权力的起源与基础问题的两种截然相反的方法。我把这两种方法分别称作"亚里士多德模型"和"自然法概念[ix]模型"。后一模型主要是我思考霍布斯作品的结果。

在过去 40 年,霍布斯作为政治著作家和政治哲学家声名鹊起。有关他的研究文献每年都大幅增加。[①] 我刚开始研究霍布斯时,至少在意大利,他在哲学史和政治思想史上的地位还微乎其微。在 17、18 世纪伟大的政治哲学家中,霍布斯是吾师索拉里(Gioele Solari)唯一一位没有专门研究过的人物,也许这纯属巧合。那些年里,霍布斯被毫无根据地指控为极权主义国家的先驱。前述霍布斯政治思想研究的最重要成果之一出自一位政治上可疑的作者卡尔·施密特之手。[②] 1936 年,列奥·施特劳斯出版了专著《霍布斯的政治哲学》(*The Political Philosophy of Hobbes*),但没有得到意大利学界的重视。由于当时的主流哲学(观念论)的冷落,霍布斯被排斥在我们的哲学研究课程之外。克罗齐(Croce)在他的简短——甚至残缺——的政治哲学史中没有提到霍布斯。[③]此外,众所周知,黑格尔在其《哲学史讲演录》(*History of Philosophy*)中亦对霍布斯着墨甚少。黑格尔说,霍布斯的思想中没有真正的哲学,他的观点是肤浅的、经验主义的。意大利关于霍布斯

---

① 参见 D. Felice, "Thomas Hobbes in Italia: Bibliografia(1880—1981)", *Rivista di Filosofia* 73(1983):440—470; A. L. Schino, "Tendenze della letteratura hobbesiana di lingua inglese degli ultimi venticinque anni", *Materiali per una storia della cultura giuridica* 17(1987):159—198; F. Viola, "Hobbes tra moderno e postmoderno:Cinquant'anni di studi hobbesiani," *Materiali per una storia della cultura giuridica* 19 (1989):27—84。索尔吉(G. Sorgi)在其出版的《哪个霍布斯?》(*Quale Hobbes? Dalla paura alla rappresentanza*,Milan:Franco Angeli, 1989)一书中对近些年来关于霍布斯的争论作出了广泛的分析。

② 英译者注:卡尔·施密特同情纳粹。

③ B. Croce, "Sulla storia della filosofia politica:Noterelle", *La critica* 22(1924):193—208;后亦载于 *Elementi di politica*, Bari:Laterza, 1925, pp. 59—90。

的主要著作是蒙多尔夫（Rodolfo Mondolfo）撰写的，这本书出版于很久以前（1903 年）。① 关于霍布斯的最完美的专著出版于1929 年，为[x]李维（Adolfo Levi）所著。但是，该著作完全没有关注霍布斯的政治思想。②

过去 40 年间，情况已经大为改变。我翻译的《论公民》第四版于 1988 年出版。1979 年，罗马 Editori Riuniti 出版社出版了马吉瑞（Tito Magri）编辑的新译本。由克罗齐和贞提利（Gentile）发起、拉泰尔扎（Laterza）主编的著名的"现代哲学经典"丛书收入了文奇盖拉（Mario Vinciguerra）翻译的《利维坦》的老译本。其后，又出版了《利维坦》的另外两个译本。一个是贾曼科（Roberto Gi-ammanco）为"乌泰特"出版社翻译的，出版于 1955 年；另一个是米歇利（Gianni Micheli）为意大利新闻出版署（Nuova Italia）翻译的，出版于 1976 年。意大利新闻出版署还在 1968 年出版了由已故的帕基（Arrigo Pacchi）编辑的霍布斯的第一部政治著作《自然法与政治法原理》（*Elements of Natural and Political Law*）。

因此，在意大利，对霍布斯政治思想的最新研究越来越多，也越来越准确。在霍布斯诞辰 400 周年（1988 年）之际，其大名甚至见诸报端。许多报纸都对他发出了赞誉之声，我也在报上撰文响应。③

我并不是说我的著作在大量关于霍布斯的研究成果中占据何

---

① R. Mondolfo, *Saggi per la storia della morale ultitaria*. I. *La morale di T. Hobbes*, Verona-Padua；F. lli Drucker, 1903.

② A. Levi, *La Filosofia di Tommaso Hobbes*, Milan；Dante Alighieri, 1929.

③ N. Bobbio,《和平的霍布斯》（Hobbes della pace），载意大利都灵市《新闻报》（*La Stampa*），1988 年 5 月 31 日，并以"结论"（By Way of Conclusion）之名收于本书中。其他评论中，有 1988 年 4 月 5 日维卡（S. Veca）发表在《晚邮报》（*Corriere della Sera*）上的《霍布斯：无政府状态的创造者》（Hobbes inventore dell' anarchia），以及《宣言报》（*Il Manifesto*）1988 年 1 月 21 日的插页，其中包含了我和埃拉莫（M. D'Eramo）的谈话。

种地位。人们已经爬搜到其政治著作最隐秘的角落。霍布斯各种
著作之间的重要差异也得到了强调,但在我看来,对于霍布斯理论
的原创性内核来说,这些差异并不重要。人们对霍布斯提出了更
多众说纷纭的解释。因为尽管霍布斯的著述给初读者以清楚且极
富明晰性的印象,但是人们已经多次注意到其中不乏模棱两可、矛
盾抵牾的段落。甚至对那些深思熟虑的解释者来说,这些段落都
是艰难的考验,他们常常恼火得不得了,以至于将非本质的东西误
认作[xi]本质的东西,将某一主题的变奏误认作该主题的彻底
改变。①

　　在研究哲学思想经典作品时,分析的方法和历史的方法彼此
对立。分析的方法想要对文本进行概念重构,对同一作家的不同
文本进行比较;历史的方法则想要把文本置于其所处的时代争论
的语境之中,以解释一部作品的起源和影响。事实上,这两种方法
并非不可调和,它们很好地相互补充。依我之见,近年来发生于这
两派之间的争论是徒劳无益的。② 说了这么多,我要提醒读者,我
在关于霍布斯与自然法理论的那两篇论文中有意识地运用了分析
的方法。这种研究方法特别适合于霍布斯的著述,但在意大利这
个历史主义的国度,它并不多见。我的其他著述也旨在概念分析,
重构霍布斯的体系,而不是重构所谓的历史语境。在自然法理论
和法律实证主义之间,我把霍布斯归于法律实证主义,而不是自然
法理论。在这两种极端对立的解释中,一方视霍布斯为极权主义

---

① 索尔吉在其《哪个霍布斯?》一书中,通过分析许多好争论的解释者注意到的霍布斯
作品的前后不一、模棱两可和相互矛盾之处,得出了"霍布斯是一位'具有多个灵
魂'的思想家"(第 147 页及以下)的结论。

② 我这里指的是约翰·波考克(John A. Pocock)和昆廷·斯金纳(Quentin Skinner)
对分析方法的追随者们的批评。参见 M. Viroli,"Revisionsti e ortodossi nella storia
delle idee politiche",*Rivista di filosofia* 78 (1987):121—136。我在论文《政治学
的辩护》(Ragioni della filosofia politica)中更加全面地讨论了这一问题,这篇论文将
刊载在献给费波的纪念文集中。

国家的先驱,另一方则将其看作自由主义国家的先锋,这两种解释我都不能接受。霍布斯政治思想的中心主题既非公民的自由,亦非极权国家,而是国家的统一。

[xii]近来的解释想要特别强调霍布斯政治思想的宗教维度,对此,我不敢苟同。尽管霍布斯政治理论的本质部分在不同的著作中有所变换,但都是对国家的起源及其在这个世界中的使命的理性论证。他的这一努力代表了政治世俗化过程中的一个决定性时刻;自此,国家一跃成为激情的最强大、最可靠的惩戒性权威,而不再是对罪恶的矫正(*remedium peccati*)。不可否认,解释的增多为我们更好地理解霍布斯思想作出了重要贡献。但是,各种各样的解释最终也妨碍了读者把握霍布斯理论的核心,并且也模糊了这一事实:霍布斯是一个终身都在追求一个观念的思想家。如果说霍布斯有一部著作一贯而又坚定地表达了其最重要的主题的话,那么这部著作就是《利维坦》,它是霍布斯政治思想三部曲的完成之作。霍布斯著作最重要的主题是:人类要走出由其自然本性所导致的自然的无政府状态,只有一条道路;同时,人类想要缔造由第一条自然法所规定的和平,也只有一条道路;这就是巧妙地建立起一个公共的权力,即国家。

一个思想家的当代性(contemporaneity),一直都是一个棘手的问题。宣称一个思想家是"当代"思想家,有赖于对作者的思想与自己所处时代的社会现实的解释。同一著作可以是当代的,也可以不是当代的,端赖于对作者以及解释者各自时代的各种可能的解释。我认为霍布斯思想的内核在于建立一个共同权力,人类由此得以摆脱无政府状态,缔造稳固的和平。如果接受这一解释,那么我们就会知道,在今天,这就是创建一个国际秩序的问题。尽管有象征国家间永久联合的联合国存在,但是这种国际秩序仍然是建立在一种不稳定的平衡之上的。它建立在据称是"恐怖的平衡"之上,建立在"相互恐惧"之上(直到昨日犹然?)。在霍布斯看来,这种"相互恐惧"构成了自然状态的特征,[xiii]而在自然状态中,和平不过是两场战争中间的休战状态而已。在必须成为一个人民团体[*populus*]的许多个体与必须成为众多主权权力的人民团体[*populus*]的许多国家之间存在着一种明显的类比关系。从国内层面到国际层面的这一过渡是否切实可行,是非常不确定的。不过,毫无疑问的是,国际共同体各个成员之间的联合公约(*pactum unionis*)是实现这一目标的唯一途径。国际共同体的各个成员必须经过同意——用霍布斯的术语来说,也就是每个政治共同体的成员的授权行为——而获得联合的权威。对永久和平的追求可能是一个永无止境的漫长过程。这个过程肯定不是霍布斯在《利维坦》著名的第一页拿来与政治团体赖以产生的契约进行比较的作为神圣创造行为的命令,但这并不会影响"霍布斯模型"作为这一过程的推动力量的完全效力。

将我研究霍布斯的主要成果编集成册的想法并非出自我本人,而是来自博纳纳特(Luigi Bonanate)、博韦罗(Michelangelo Bovero)和波尔蒂纳罗(Pier Paolo Portinaro)。感谢博尼诺赫(Guido Davico Boninohe)和埃诺迪(Editrice Einaudi)出版社的热心支持,这个想法始能得以实现。对他们中的每一个人,我都致以最热忱的感谢。

作者说明

本书材料原刊于：

"II modello giusnaturalistico", *Rivista internazionale di filosofia del diritto* 50 (1973):603—622.

"La teoria politica di Hobbes", In *Storia delle idee politiche, economiche e sociali*, ed. L. Firpo. Vol. IV, *L'età moderna*. Turin:Utet, 1980. Book 1, pp. 270—317.

"Introduczione al De Cive", in T. Hobbes, *Elementi filosofici sul cittadino*, ed. N. Bobbio, Turin:Utet, 1948, pp. 9—40. The Appendix, "Introduczione al *Dialogo tra un filosofo e uno studioso del diritto comune d'Inghilterra*", was originally published in the second edition, entitled T. Hobbes, *Opere politiche*, ed. N. Bobbio, Turin:Utet, 1959, Vol. I, pp. 36—41.

"Legge naturale e legge civile nella filosofia politica di Hobbes", In *Studi in memoria di Gioele Solari*. Turin:Edizioni Ramella, 1954, pp. 61—101. Reprinted in N. Bobbio, *Da Hobbes a Marx*, Naples:Morano, 1965, pp. 11—49.

"Hobbes e il giusnaturalismo", *Rivista critica di storia della filosofia* 17 (1962):470—485. Reprinted in Bobbio, *Da Hobbes a*

Marx, op cit. , pp. 51—74.

"Hobbes e le società parziali", *Filosofia* 33 (1982):
375—394.

"A guisa di conclusion", Pablished in *La Stampa*, 31 May
1988, with the title "Hobbes della pace", on the occassion of the
four hundredth anniversary of Hobbes's birth.

"附录"出自:

"Le considerazioni sulla reputazione, sulla lealtà, sulle buone
maniere e sulla religion", *Rivista di filosofia* 42 (1951):399—
423, introduction to the translation of Hobbes's work of the same
title.

"Breve storia della storiografia hobbesiana" (hereafter cited
as *Hobbes Studies*), in *Questioni di storiografia filosofica : Dalle
origini all'Ottocento*, ed. V. Mathieu. Brescia: La Scuola 1974,
pp. 324—328.

Review of C. Schmitt, *Der Leviathan in der Staatslehre des
Thomas Hobbes*. *Revista di Filosofia* 30 (1939):283—284.

Review of J. Bowle, *Hobbes and His Critics : A Study in Sev-
enteenth-Century Constitutionalism*. *Rivista di filosofia* 44
(1953):212—214.

Review of S. I. Mintz, *The Hunting of Leviathan*. *Rivista di
filosofia* 54 (1963):249.

引用的霍布斯著作版本:

Leviathan, M. Oakeshott, Oxford: Basil Blackwell, 1946.

De Cive (*Philosophical Rudiments concerning Government
and Society*), in T. Hobbes, *English Works* (hereafter cited as
EW), ed. W. Molesworth, 11 vols. , London: J. Bohn, 1845,
Vol. II.

Considerations upon Reputation, *upon Loyalty*, *upon Good Manners and upon Religion*, in *EW*, vol. IV.

A Dialogue between a Philosopher and a Student of the Common Law of England, in *EW*, vol. VI.

Six Lessons to the Savilian Professors of the Mathematics, in *EW*, vol. VII.

The Elements of Law Natural &.Politic, ed. F. Tönnies, Cambrige:Cambridge University Press, 1928.

De Corpore, *De Homine*, and passages from Hobbes's Latin writing, Thomase Hobbes, *Opera philosophica quae latine scripsitomnia* (cited as *OL*), Studio et labore G. Molesworth, 5 vols. , Londini:Apud Joannem Bohn, 1839—1845); Aalen:Scientia Verlag 2d reprint, 1966, vols. I and II.

第一章 自然法理论的概念模型

一、模型的要素

[1]如通常所做的那样,我们可以大略地陈述"自然法理论的概念模型",它涉及国家或者政治社会(亦即公民社会)的起源和建立。自霍布斯(他是自然法理论的源头)到黑格尔,所有重要的现代政治哲学家们都援用了这一模型,并且尽管它们会把极其广泛的重要特征归于自然法理论的结构性要素之下,但是都没有改变其结构性要素。(我审慎地谈到"政治哲学家",而不是广义上的"政治著作家"。这里我意指的是那些旨在建构一个从人与社会的一般理论推演出来的——或者在一定程度上是与人与社会的一般理论并列的——理性的国家理论的政治著作家。这些作家包括从斯宾诺莎到洛克,从普芬道夫到卢梭,从康德到早期费希特,再到大多数处于自然法学派末期的不太知名的康德派思想家。)

众所周知,自然法理论的概念模型是建立在"自然状态—公民社会"这一重要的二分法之上的。它的典型特征可以列述如下:

[2]

1. 自然状态，一种非政治的和反政治的状态，它是分析国家之起源和建立的出发点。

2. 自然状态和公民社会是相互对立的，因为公民社会是从与自然状态的对立中产生的，其目的是为了克服和消除后者的缺陷。

3. 自然状态的构成性要素主要是、并且基本上是个人，他们生活在社会之外，但是可以社会化（sociable）。（我用"主要地"，而非"仅仅"，是因为在自然状态中可能存在诸如家庭之类的自然社会。）

4. 自然状态的构成性要素（个人，或对那些接受其存在的人们来说，家庭）是自由和平等的。因此，自然状态总是被描述为自由且平等的状态。（然而，由于人们对这两个术语的解释有所不同，它们的含义也就有一些值得注意的变化。）

5. 出于事物之本性，从自然状态到市民社会的过渡并不是由于必然性而发生的，而是经由一个或多个约定（conventions）而发生的。这些约定都是由那些想要逃离自然状态的个人做出的自愿而又审慎的行为。因此，公民社会被认为是一个"人造物"，或如我们今天所言，它是"文化"而非"自然"的产物。（因此，就产生了"civil"一词的歧义，它是一个与"civitas[城邦]"和"civilitas[公民]"都有关联的形容词。）

6. 政治社会的正当性原则是同意，这对于其他类型的自然社会是不适用的。它尤其不适用于家庭社会（domestic society），即家庭（family/household）。

我使用"模型"（model）一词绝非是一时兴起，或是为了使用一个时髦的词语，而只是因为想直截了当地表达这样一个观念：实际上从未存在过这样一种历史的和社会的创建。就其历史演化而言，[3]典型的近代国家制度经历了从封建制国家到等级国家

(*ständestaat*)，从等级国家到绝对君主制，从绝对君主制到立宪君主制等各种形态。通过原本自由、平等的个人相互同意而建立一个国家，这种观念是一个纯粹的理智建构。

二、主题的变化形式

在17、18世纪的作品中，我们可以发现关于这一主题的许多变化形式，其中最为重要的是：

1. 那些涉及自然状态的变化形式，它们围绕下述经典主题表达出来：

a. 自然状态是一个历史状态，还是一个纯粹虚构状态（一个理性的假设、一个理想的状态等等）；

b. 它是一个和平状态，还是一个战争状态；

c. 它是一个孤立状态（每一个人都依靠自己生活，不需要其他人），还是一个社会状态（即使是原始社会）；

2. 那些涉及公民社会赖以建立的契约的形式和内容的变化。由这一问题所引发的经典讨论围绕以下主题：

a. 社会契约是个人之间达成的一个有利于共同体的契约，还是一个有利于第三方的契约。

b. 个人间的契约（所谓的 *Pactum Societalis*［联合公约］）订立之后，是否还需要一个人民（populus）与君主（princeps）之间的第二契约（所谓的 *Pactum Subjectionis*［服从公约］）。

c. 契约一旦订立，是否可以废除，如果可以废除，需要哪些条件。（这取决于从［4］孤立的个人到人民，或者从人民到君主的权力转让，到底是一个永久的让渡，还是一个暂时的让步。）

  d. 契约的目的是对自然权利的部分放弃,还是完全放弃。

  3. 那些涉及到经契约产生的政治权力的本质的变化形式。即,政治权力是绝对的还是有限的,是无条件的还是有附加条件的,是可分的还是不可分的,是可废止的还是不可废止的,等等。

  值得注意的是,所有这些变化形式都没有影响和改变前面第一部分所列举的那些基本要素。这些要素是起点(自然状态)、终点(公民社会)和从前一状态到后一状态的过渡赖以发生的手段(社会契约)。我在第一部分第 2 点分析过的前政治状态与政治状态之间的对立是如此之大,从而标明了接受这种对立的所有分析的特征。即便那些从社会的或和平的自然状态出发的人也被这一概念模型自身的逻辑所迫,不得不二中择一。要么,他们把自然状态看作是一种和平的,但不完善、不充分的状态,其中社会性是微弱的、不安全的和暂时的,总是处于危机或者崩溃的边缘;要么,他们把前政治状态一分为二:狭义上的自然状态和已经蜕化为战争状态的自然状态,后者使得向公民社会的过渡成为必需。这后一种解决方案构成了洛克模型和卢梭模型的典型特征。对洛克而言,自然状态自身并非就是战争状态。但是,战争状态一旦开始,就只能通过建立政治权力使之终结。对卢梭来说,则不再是两种状态,而是历史发展的三个环节。它们是

  a. 自然状态作为天真无邪和原初幸福的状态;

  [5]b. "市民社会",它复制了霍布斯的自然状态的一些特征;

  c. 通过社会契约产生的国家。

  卢梭指责霍布斯,并不是因为他把自然状态描绘为战争状态,而是因为霍布斯把战争状态置于人类历史的开端,而不是后来的

阶段。这样一来,卢梭便证明了他自己的三阶段(而非二阶段)历史观念的正当性。这样,他就能认为在第三个阶段产生的国家就是原初状态的回归或恢复。但是,卢梭并没有放弃这个概念模型的一个基本观点,据此观点,政治社会乃是直接作为前一状态的对立面(而非前一状态的继续)而产生出来的。

三、替代模型

对一个模型的详尽阐述和以多变的、多样的现实对之进行归纳看上去可能都是一个任意的和无意义的工作。在这一情形下,我认为对自然法理论家之前的政治哲学家而言,这一工作可以被证明是合理的(和有用的),他们继受那一模型,并代代相传,这一模型是一个与自然法理论家的概念模型完全不同、甚至是在大多数方面与之近乎对立的概念模型。这一模型根据其创始人的名字被命名为"亚里士多德模型"。亚里士多德在《政治学》的前几页中就解释了国家,即城邦(polis or city),它从家庭开始,然后成长经过了村落这一中间阶段。用他自己的话来说就是:

> 家庭就成为人类满足日常生活需要而建立的社会的基本形式,……其次一种形式的团体——为了适应更广大的需要而由若干家庭联合组成的初级形式——便是村坊……等到由若干村坊组合而为"城市(城邦,polis)",社会就进化到了高级而完备的境界,在这种社会团体内,[6]人类的生活可以获得完全的自给自足;我们也可以这样说:城邦的长成出于人类"生活"的发展,而其实际的存在却是为了"优良的生活"。①

---

① 亚里士多德,《政治学》,恩斯特·巴克(E. Barker)译,伦敦:牛津大学出版社,1958年(1252b),第4页。

　　许多世纪以来,人们一直都以这样一种恒定不变而又至关重要的方式理解国家的起源,委实令人吃惊。然而,我举出两本基本的政治理论著作,一本中世纪的,一本近代的(霍布斯以前的),即可证明这一点。在《和平的保卫者》(*De fensor pacis*)中,马西留(Marsilius)开篇即宣称人类是从不完善的社会(imperfect communities)逐渐发展到愈发完善的(perfect)社会的。在证明这一发展历程的各个阶段时,他对亚里士多德是亦步亦趋的:"人类最初和最小的团体"是男人和女人的团体;第二个团体是被称作"村落"或"村庄"的居住区,最早的"社会"就产生于此;第三个即最后的团体,则是这样的阶段,在这个阶段,"为了生活和优良生活所必需的事物通过人的理性和经验而得到了完全的发展,这样,完善的社会,即国家,便建立起来了"。① 博丹(Bodin)也以对国家的下述定义开始他的《共和国六书》(*The Six Bookes of a Common-weale*):

　　　　共和国是许多家庭及其公有物的合法政府,这一政府拥有强有力的主权。②

博丹在下面对这一定义中的"不同家庭"部分进行解释时,说家庭是"每一共和国的起源和开端,因此,也是它的一个主要成分"。③博丹对亚里士多德理论的一些方面提出了批评,[7]他没有强调"村落"这一中间阶段。尽管如此,他仍然坚持国家源于家庭;以至

① 帕多瓦的马西留,《和平的保卫者》,多伦多:多伦多大学出版社,1967年,III,4—5,第10—13页。
② 诺尔斯(Knolles)译本的影印本,1606年,剑桥:哈佛大学出版社,1962年;纽约:亚诺(Arno)出版社重印,1979年,第一章,第1页。(英译者注:我之所以引用诺尔斯(Knolles)的译本,是因为它是博丹《论共和国》[*De la république*]的唯一一个完整译本,它也是霍布斯可以得到的译本。)
③ 同上,第二章,第8页。

于他还讨论了这个问题：要形成一个可以称之为国家的团体，至少需要多少家庭。

17世纪初，就在霍布斯的巨著问世前不久，当时最复杂的政治著作的作者阿尔图修斯（Johannes Althusius）仍将城邦界定为第二个团体——或是随中间团体的数量，而为第三、第四个团体。城市是一个公共团体，它与各种不同的私人团体的差别在于，它是由这些小型团体结合而成的。从时间上看，家庭是最早的团体："一个普遍团体由居住在同一地域的许多夫妇、家庭和小型团体结合而成，经由法律而形成为一个团体。因此，这种普遍团体也叫作国家"。① 随着阿尔图修斯著作的展开，我们就会看到其计划仍然遵从亚里士多德政治学的模式。即便阿尔图修斯的解释要比亚里士多德复杂、清晰，但这种看法仍然成立。（阿尔图修斯特别强调了社团[collegia]，即市民社会，与家庭，也就是自然社会。）阿尔图修斯从家庭开始他的阐述（第二章），然后谈到邻里[consociatio propinquorum]（第三章），以及比较低级的市民社会和社团（第四章）。最后，通过这些前后相继的阶段和越来越大的范围，他来到了（有别于乡村和郊区的）城市，再从城市经过省而抵达王国（在一定程度上，王国就是我们的国家）。他将王国界定为首要的普遍团体[universalis major consociatio]（第十章）。阿尔图修斯模型的主要特征不在于不同级别的团体的数量和种类，而在于[8]从低级团体到国家的进展。这样，国家就是一个由若干小团体构成的大团体——更为准确地说，国家就是所有团体中最大的团体。阿尔图修斯自己的话最好地表达了这一观点："人类社会通过遵照一定的步骤从私人社会向公共社会发展，也就分化为许多国家。"②

---

① 阿尔图修斯（Johannes Althusius），《政治方法论》（*Politica methodice digesta*），剑桥：哈佛大学出版社，1932年，V，8，p. 39（英译者注：引自阿尔昔修斯的段落是由译者翻译。）

② 同上，第五章，前言。

四、替代模型的要素

强调自然法理论概念模型和亚里士多德概念模型之间的区别的最好方法,就是指明前面第一部分列举的自然法理论概念模型的典型要素是怎样出现在后一模型中的。

1. 这一分析不是从一个国家建立之前人类即居于其中的一般的自然状态开始的,而是从一个特定的、具体的、历史决定的人类社会类型开始:家庭是最初的自然团体。

2. 这个最初的社会(家庭)与最后的完善社会——国家——之间的关系不是一种对立关系,而是一种连续(或是发展或进步)的关系。从家庭状态过渡到公民国家(civil state),人类经历了很多个中间阶段。国家是以前的团体的自然产物和终点,而非它们的对立面。

3. 自然状态不是一个孤立状态。个人生活在有组织的团体中,就像家庭团体实际上是存在着的一样。因此,国家必须描述为许多家庭的结合,或是一个大家庭,而不是个人的结合。

4. 既然个人自出生之时起就生活在家庭中,那么前政治状态就不是自由、平等的状态。相反,就像家庭一样,它是一个[9]等级社会,其中的基本关系为在上者与在下者之间的关系,如父母与子女、或主人与奴隶之间的关系。

5. 正如已经指出的那样,从前政治状态到政治状态的过渡经历了一个从小型团体(lesser associations)到主要团体(major association)的自然演进过程。这一转变的发生并不是由于约定(convention),即一个自愿的、审慎的行为,而是诸如领土扩张、人口增长、安全需要和获得维持生活的手段等自然原因的产物。结果,国家即如家庭一样自然。

6. 政治社会的合法性原则不是同意,而是必然(或者事物的本性[*natura rerum*])。

如果我们比较一下这两组概念模型的六个特征,将会出现一些重要的二分法。这些二分法标明了一直到黑格尔为止的政治哲学的漫长道路的典型特征:

a. 理性的抑或历史-社会学的国家概念;

b. 国家作为自然人的对立物抑或补足物;

c. 原子的、个体的国家观,还是社会的、有机的国家观;

d. 自然权利理论赖以产生的理想化的前政治状态观念,或是生活在社会之中的、因此总是彼此服从的、不平等的人的现实主义观念;

e. 国家权力的基础的契约观念抑或自然主义的观念;

f. 基于同意抑或事物本性的政治权力的合法性理论。

这些都是涉及国家理论的基本问题的重要二分法。这些问题包括:(a)起源,(b)本质,(c)结构,(d)目的,(e)基础以及[10](f)高于其他所有施行于人类的权力的政治权力的合法性。

五、自然法理论概念模型与市民社会

在自然法理论的历史编撰学中,人们经常提到,自然法理论概念模型的阐发、传播和提炼与市民社会的兴起和发展二者同时发生,以至于变成了老生常谈。这个建立在"自然状态—市民社会"对立之上的模型,也就有意无意地变成了历史进程的理论反思。这个理论模型的意识形态意义似乎在于,它反映了一种历史的境况。不用说,这种意识形态解释已然成为了马克思主义历史编撰学的鲜明特征。(这种历史编撰学始于马克思本人,他的著名《论犹太人问题》旨在对表达了阶级分层和冲突的人权和公民权进行批判和重新解释。)最近,麦克弗森(C. B. Macpherson)重提这一解释,并且引发了激烈争论(而且是可以争论的)。[①] 麦克弗森认为霍布斯的自然状态第一次表现了市场社会,而不是像人们通常认为的那样,表达了内战。霍布斯是在描绘一种特定类型的市场社会,麦克弗森称之为"占有性"市场社会,以区别于那些简单市场社会。但是,如果与洛克理论中的阐述进行比较的话,那么霍布斯所描述的市场社会就仍处于萌芽阶段。在洛克那里,自然状态是一个发达的市场社会,国家是由财产所有者们组成的团体。无论怎样解释,我们都不能否认,从法国大革命中产生出来的国家贯彻了[11]自然法学派的基本原则。在 19 世纪,这种国家便成为了诸如宪政的、自由主义的、议会制的和代议制国家等资产阶级国家的原型。

根据最流行的解释,自然法理论概念模型与市民社会之间最显著的联系是:

> 1. 自然法学家认为自然状态就是人类经历的最基本、最简单、最直接的关系即经济关系的状态。在这种关系中,人们为他们存活所必需的财物而斗争,以维持其生存。这是有别于政治领域的经济领域的发现;换言之,就是有别于公共领域的私人领域的发现。这一分离反映了一种不同于封建社会的社会的兴起,而封建社会的特点则是经济权力和政治权力的

[①] 麦克弗森,《占有性个人主义的政治理论》(*The Polotical Theory of Possessive Individualism*),牛津:克拉伦登出版社,1962 年。我在一篇研究洛克的论文中对这一解释进行了更为全面的讨论,并再版于《从霍布斯到马克思》(*Da Hobbes a Marx*),Naples:Morano,1965,第 108—116 页。

重合,以及公共领域同私人领域的混淆。

2. 经济领域区分于政治领域,甚至有如前述,二者互相对立,这一发现反映了一个社会阶级的兴起。这个阶级很快就会从现存国家中解放出来,并对现存国家进行经济统治。随着这一发现,一个受自然法调整的前政治的与反政治的社会也就随之确定了下来。它是政治社会赖以建立的基础。政治社会是一个人造实体,那些拥有资源的人们为了保证他们财产的安全(并且为了保证能够使他们获得和享用那种财产——如自由、平等、独立等——的所有权利的安全),而创建了国家。

3. 政治社会之前的自然状态是这样一种状态:行为主体(agents)是那些享有完全的宗教、道德和经济自主权的个人。抽象地说,他们[12]互相独立,但是为了获得财物和进行交换而发生联系,或是彼此冲突。这一描述反映了一种个体主义的人类社会观与历史观,它往往被认为是资产阶级伦理和世界观的典型特征。

4. 自由、平等的理想在自然状态(的想象)中得以实现。这些理想描述并指向了一种与传统观念相对立的社会生活的规范性观念。按照传统的观念,人类社会是建立在等级制的、有偏向的稳固秩序之上的。相反,自由和平等的理想则构成了平等主义和自由主义社会观的典型特征。平等主义和自由主义社会观激励资产阶级起来反抗阻碍其解放的那些社会的、意识形态的、经济的和政治的枷锁。

5. 国家建基于那些将要成为其成员的个人的同意之上,这种观念不仅表现了这一新兴阶级的社会和经济解放趋势,而且也表现了这一阶级的政治解放趋势。这个阶级旨在获得对政治权力的控制:政治权力是任何想要获得他人服从的人类团体所运用的最为重要的统治手段。换言之,关于国家起源的契约观念表达了这样一种观点：一个阶级在建立意识形态和经济霸权的时候，也必然会通过建立类似的国家而掌握政治权力。

6. 权力行使的正当性只能建立在同意的基础之上，这种观念也是那些奋力攫取其尚不拥有的权力的人们所执持的。然而，一旦他们达到他们的目的，就会最早起来反对这种观念。

六、家庭与自然状态

[13]我认为，我们可以通过将其与亚里士多德模型进行比较，来最好地说明自然法理论概念模型的这种意识形态解释的有效性。从这种观点来看，这一对比不仅是一种学术训练，而且也具有探索的价值。就我所知，这种价值尚未得到充分探讨。简言之，近代概念模型用"自然状态—市民社会"的二分取代了"家庭社会—政治社会"的二分。在这两个模型中，政治状态都是一个从前政治状态开始的有限过程的最后阶段。然而，二者的区别在于这一事实：即在古典模型中，前政治状态表现为家庭共同体，而在近代模型中，则表现为自然状态。正如霍布斯（洛克和其他人亦如是）在其政治著作的第一卷着力论述自然状态一样，亚里士多德则在其《政治学》第一章致力于家庭的论述。自然状态如此忠实地反映了（私人的）经济关系，看上去就像是对商业社会所作的理想化描述。在古典模型中，流传了几千年的亚里士多德《政治学》第一卷对家庭社会所作的描述不仅包括了夫妻关系和父子关系，而且还包括主奴关系。这样，家庭便构成了那种社会中的经济生活的基本核心，所有与之相关的生产关系都围绕它组织起来。（必须记住，在古希腊，"经济"一词是"家庭管理"的意思。亚里士多德《政治学》第一卷已经被认为是最重要的经济学著作之一。）从词语的继承

中,我们只能得出作为概念而非词语的历史学家可以得出的意义。现代经济科学从研究商品的交换和流通开始,这些活动被亚里士多德称为牟利的[活动](*chrematistic*)。尽管如此,古典模型中的家庭社会和政治社会之间的区分的作用,[14]同现代模型中自然状态和市民社会之间的区分的作用是一样的,因为两者都对人类维持其生存的有组织的社会生活的最初阶段与后来的政治统治阶段进行了区分。

在近代模型中,家庭作为前政治社会的概念而被废止或是被放到了一边,并被自然状态取而代之。自然状态逐渐呈现出社会的特征,基本的经济关系网络也发展起来,(以至于黑格尔称之为"bourgeois"或者"市民社会")。当我们对作为一个整体的社会的经济阶段和政治阶段进行区分时,可能会从家庭和自然状态的作用这一角度出发对它们进行思考。如果我们这样做,就能在理论层面上将这些阶段解释为从封建社会到资产阶级社会,从"家政"到市场经济的这一重大转型的反映。换言之,这种变迁标志着家庭作为经济单位的解体和资本主义的兴起,或是从一个原始的农业社会(滕尼斯的术语是共同体的[*gemeinschaftlich*],或是韦伯意义上的"传统的"[社会])到一个以更为复杂的经济结构为特征的社会(滕尼斯意义上的社会的[*gesellschaftlich*],或韦伯意义上的"理性的")的过渡。

第二种社会以家政同(经济的)公司管理这一具有进步意义的分离为标志。现在,生养和教育孩子仍然是家庭的典型职能;然而,从观念上来说,经济功能由自由、平等的个人来执行,他们结成一定的团体。在这些团体中,法律和理性,而非身份与传统,构成权力组织的标准。我们可以合法地对这一复杂的动态过程作出如下的解释:由自由、平等的个体构成的自然社会取代了家庭社会,成为社会生活的第一阶段。对于学者们在描述资产阶级社会兴起时通常会加以考虑的那些所有现象,这一变化提供了一个简单、综

合而又重要的解释。同样地，直到 18 世纪现代经济科学形成为
止，几千年来，一直都认为传统家庭（在这种家庭中，家长既是[15]
丈夫、父亲，又是主人）构成了经济生活的原动力。我们可以看到，
几千年来，这种传统家庭的形象反复出现，没有改变，从而超出了
作为其基础的历史状况。（这是因为众所周知的抽象思维的惯性。
与经验的现实相比，抽象思维的变化要慢得多。）

七、自然法理论概念模型中的家庭

　　寥寥数行是无法说明家庭在自然法学家们最著名的著作中的
作用的。如果我们勉力为之，就很可能会讲不清楚，并且白费力
气。然而，我们也会注意到，这些作品对家庭的分析——将家庭既
描述为家庭社会（domestic society），又描述为专制社会（despotic
society）——总是出现在自然状态的说明之后。自然法学家们之
所以在他们的政治理论（他们的政治理论一直都是作为整体的社
会的理论）中引入这一主题，是因为他们旨在表明家庭权力和政治
权力确乎不同，应当明确分开。准确地说，父子与主奴之间的权力
关系并不相同，并且应当同政治的权力关系（即统治者和被统治者
之间的权力关系）区分开来。在政治社会中，权力的基础是（或应
当是）被统治者的同意；①而在家庭社会中，权力的基础是生育，在
专制社会中，则是强力（如一场正义战争的胜利所表明的那样）。
与这三种权力基础相应的，则是义务的三种经典来源：契约、生育
与侵权（*ex contractu*，*ex geneenratione*，*ex delicto*）。自然法学家想
要证明（或是用貌似有理的论点坚持）国家权力之所以不同于（或
应当区分于）父亲对子女的权力，以及主人对奴隶的权力，是因为

---

　　① 我说"应当是"是因为自然法理论家的政治哲学有一个伦理学中的义务论（deonto-
logical）的使命：它使现存国家的各项事务理性化，而不是理想化。

这三种权力的合法性基础是不同的。[16]这样,我们就可以理解,为什么家庭不是——并且再也不能是——国家作为其最后一环链条上的第一环的原因了。相反,这是一个从人类的自然状态(作为家庭社会和专制社会的家庭的形成即属于这个自然状态)——到公民社会的质的飞跃。

　　这一质的飞跃使人类从自然走向了文明。霍布斯确实并没有否定在原始社会中"小型家庭"发挥着国家的作用这一事实。[①] 对于社会从这一小型团体到国家的历史演进中存在诸如具有"大写的"[②]家庭特征的世袭君主制之类的国家,他也并没有置之度外。以菲尔默的国家产生于家庭的国家起源理论为主要攻击对象的洛克也的确承认:"一些家庭的儿女的生父不知不觉地变成了政治上的君王","他们奠定了世袭的和选举的王国的基础",[③]并承认,从起源上讲,最初的政府是君主制的,因为父亲被承认为国王。[④] 然而,在霍布斯和洛克这里,显然我们必须区分他们对于发生的事实的描述以及他们对于新的政治权力的合法性形式所提的建议。正如有学者在论及洛克时已然正确指出的那样,我们必须将政府的历史起源问题同它的伦理基础问题区分开。[⑤] 从新的合法性原则

---

① 《利维坦》,第十七章,第109—110页。

② 《论公民》,第九章,第10节,第121—122页;《利维坦》,第二十章,第133页。霍布斯思想的这方面被兰杜奇(S. Landucci)在一本引人注意的著作中进行了非常精到和明确的分析,"*I filosofi e i selvaggi*",Bari:Laterza,1972年,pp. 144ff.,尤其是注释73和注释74。

③ 约翰·洛克,《政府论两篇》(下篇),拉斯莱特(P. Laslett)编辑,New York:A Mentor Book,1965,第六章,第76节,第361页。

④ 同上,《政府论两篇》(下篇),第八章,第107节,第382—383页。

⑤ 斯诺切特(G. J. Schnochet),《洛克政治哲学中的家庭和国家的起源》(The Family and the Origins of the State in Locke's Political Philosophy),收录于《约翰·洛克:问题与视角》(*John Locke:Problems and Perspectives*),剑桥:剑桥大学出版社,1969年,第91页及以下。约翰·邓恩(John Dunn)在《约翰·洛克的政治哲学》(*The Political Thought of John Locke*,剑桥:剑桥大学出版社,1969年)一书中也探讨了这一主题,在该书中,他明确地提及了斯诺切特,第113页,注释1。

之基础的视角来看,无论是家庭社会,还是专制社会,都不能为政治社会提供一个合法的楷模。

[17]自然法理论的政治哲学的深刻主题之一是:如果通过一个或数个约定表达出来的同意必须成为政治权力的合法性基础的话,那么政治权力的基础就有别于家庭权力和专制权力的基础。然而,我在这里考虑的作家中,没有一个会否认,存在着具有不同基础的国家:它们是世袭君主制国家和专制国家。在世袭君主制国家中,权力以家庭权力为楷模;在专制国家中,则以专制权力为楷模。但是,拥护一种理想的自然法学家们却想要否认这样的可能性,即这些国家从观念上讲是合法的。

举三个例子足矣。霍布斯在描述了经由社会契约实现了从自然状态到公民社会的转变之后,也就是在描述了在约定(convention)基础上形成国家(霍布斯称之为按约建立的国家)之后,明确地区分了一个人对他人可能拥有的三种类型的权力。① 显然,就所有其他统治形式而言,这一建立在同意之上的国家类型实为一种理想的模型。在《政府论》下篇的开头几页中,洛克明言"官长对于臣民的权力,同父亲对于儿女的权力、主人对于仆役的权力、丈夫对于妻子的权力和贵族对于奴隶的权力,是可以有所区别的",因此,我们需要表明"一国的统治者、一家的父亲和一船之长之间的不同",②从而道出了自己的目的。卢梭的《社会契约论》以批判那些不将同意作为政治权力的合法性基础的理论开始。然后,他批判了家庭社会和强者的权力,最后批判了奴隶制。尽管他把家庭社会称作"政治社会的原始模型",③但是也像洛克一样认为这个社会是不稳定的。在讨论奴隶制时,卢梭认为,提供[18]合法性

① 《论公民》,第八章,第1节,第114—125页。
② 约翰·洛克,《政府论两篇》(下篇),第一章,第2节,第308页。
③ 让·雅克·卢梭,《社会契约论》,克兰斯顿(M. Cranston)译,Harmondsworth: Penguin Books, 1984,第一卷,第二章,第50页。

基础的,既不是同意,也不是战争的权利。在驳斥了那些试图把政治权力的合法性建立在并非自由表达出来的同意之上的理论之后,卢梭以这样一个标题开始了下一章:"总需追溯到一个最初的约定",①这一点绝非偶然。

八、市民社会家庭

如此一来,家庭便不再是国家形成过程中的初始阶段,也不再是一个小型的潜在国家,②而是被一个新的社会学解释所取代。自然状态不再生活着由有机的纽带联结起来的父子和主奴,而是由自由、平等和独立的经济人构成,他们之间除了由他们自己的需要产生出来的交换劳动产品的联系以外,再无其他任何联系。家庭由于失去了其作为社会生活初始阶段的地位,也就失去了它的经济功能。由此,生养和教育子女便成了家庭的唯一功能(这也将成为资产阶级家庭的典型特征)。由于资产阶级社会日益从现存的政治社会中解放出来,从事生产的劳动者也就不再是被视为一个有机整体的家庭社会的成员,而是法律上独立的生产者。

在洛克的理论中,我们已经能够发现家庭从经济单位到伦理和教育机构转变的成熟表达。洛克在讨论完自然状态和战争状态之后,随即处理私有财产权的基础这一主题。这一主题涉及从共有一切事物的原初占有到个人对其中某些事物的排他性占有的权利的过渡。这一转变发生在自然状态中,即在公民社会建立之前。众所周知,洛克通过拒斥[19]两种经典解答,解决了这一传统问题。第一种解答认为占有赋予一种合法的权利;第二种解答则认为私有财产权来自于契约。根据洛克的观点,私有财产权——即

---

① 同上,第一卷,第五章,第58页。
② 把家庭比作一个小国家,同把国家比作一个大家庭是一致的。

个人主张的享有和处分财物的排他性权利——来自于孤立的个体为占用某物以及必要时通过自己的劳动对它进行改造并使它增值而付出的努力。不用说,这种关于私有财产之基础的理论是洛克著述中最具原创性和创新性的理论之一。这在其他接受自然法理论概念模型的著名政治哲学论著中是无与伦比的。洛克以其劳动价值理论、原始积累理论和货币功能的理论,成为第一个讨论这些主题的政治著作家。其后,这些主题也就成为一门新科学(即政治经济学)的特定对象。

就我们关注的问题而言,洛克的私有财产理论之所以重要,有三个理由。首先,洛克完全清楚地说明,前政治状态,或自然状态,或自然社会(无论怎么称呼),是与经济关系领域相契合的。经济关系领域是人类为了他们自己的利益,通过他们自己的劳动,为了改造自然而建立和发展他们同自然的关系的领域。其次,孤立的个人构成了这种与经济社会相契合的前政治状态的主角。他被认为具有人格的能力,去占用被认为是共有的事物,并且能够为了自己和社会的利益而对这些事物进行改造。第三,在自然状态中,资产阶级经济的这个基本制度,即私有财产,已经完全出现。(有别于我们在霍布斯和卢梭的理论中之所见。)

我们由此即可理解家庭在洛克的体系中所发挥的新作用。不像霍布斯,洛克在讨论政治社会之前、私有财产权的主题之后,对家庭进行处理。[21]如此安排这些主题的前后顺序,到底意味着什么呢? 由于洛克在政治社会之前分析家庭,因此似乎是将其视为一个自然社会。但是,由于他对家庭的分析居于私有财产以及与之相关的劳动、土地占有、价值的增加和货币等主题之后,也就表明家庭制度与经济事业无关,后者本质上是一种个体性的活动。在对家庭的分析中,洛克特别坚持以下两点:

　　a. 家庭是一个"临时的"社会,因为它注定只能持续到孩子成年。因此,它不能与政治社会混淆。政治社会是一个"持续存在"的社会,个体从摇篮到坟墓,都有它相伴。

　　b. 由于家庭只有生养、抚育和教育的职能,因此不能与经济社会混淆。经济社会的主体是(可以在自然状态中发现的)独立的个人。(家庭的典型功能进一步使其与政治社会区分开来。因为政治社会必须履行更重要的职能,因此政治统治者也就必须拥有更加广泛的权力)。总之,洛克的家庭更好地体现了那种把家庭社会和专制社会视作最初的社会核心的传统观念的目的。这样,这种传统观念也就将经济职能赋予了按其定义来说实为前政治活动的家庭。

九、一个反证

　　这里有一个相反的证明,自然法理论概念模型体现了与古典模型的决裂;在近代国家形成的分析中,这一决裂呈现出了它在思想体系上的意义。这一相反论证的提出依赖于这一事实,一旦自然法理论概念模型占据了支配地位,[21]那些反动的思想家就会起而拯救古典模型。① 正是他们强调家庭作为政治社会的起源,这样就否定了曾经存在过一个由自由、平等的个人所构成的自然状态。他们对社会契约提出了严密的批评,由此宣称国家是自然的产物。他们拒斥"自然状态—市民社会"的二分法,坚持认为国家是家庭社会的产物。

　　我将提出关于这一论战策略(polemical strategy)的两个典型的例证,一个来自自然法理论概念模型活跃期的最初阶段,另一个则来自它的最后阶段。前者由罗伯特·菲尔默所发展,菲尔默是

---

① 我这里所说的"反动分子"是指那些敌视资产阶级领导的伟大的经济和政治剧变的著作家们。

17世纪后半期英格兰王政复辟的最后一批支持者之一。后者由路德维希·冯·哈勒(Ludwig von Haller)发展,哈勒是法国大革命之后王政复辟时期最为著名的思想家之一。

　　菲尔默的论战目标是人类的自然自由(natural freedom)理论。从这一理论出发,著作家们得出结论,即人们有选择他们所向往的政府形式的权利。(菲尔默认为这一论点是渎神的,并且是没有基础的。)对菲尔默而言,君主制是唯一正当的政府形式,因为每一个权力的基础都是父亲管理子女的权利。最初,国王是家庭的"父亲",随着时间的推移,便被看作是这些"父亲"或者他们的代表的后裔即为国王。契约论坚持一种"上升"的权力观念,菲尔默则坚持一种严格下降的权力观念。根据菲尔默的观点,权力绝对不是自下而上传递的,它只能是自上而下传递的。父亲对子女的权利构成了一个人对他人的每一种权力形式的范例。因此,对菲尔默而言,家庭社会和政治社会之间没有本质区别,只有程度的不同。因此,他坚持认为:"如果我们比较一下父亲的自然责任与国王的自然责任,我们就会发现它们完全是一个东西,它们除了范围和程度不同以外,根本没有任何区别。正如父亲位居家庭之上,[22]君主就像是位居众多家庭上面的父亲,把他负责照管的事情扩展到保存整个国家,为国家提供衣食、指导和保护。"①

　　哈勒继续沿着同一条路线前行。尽管他不了解菲尔默的这部作品,但他宣称它的标题似乎暗示了一个基本正确的观念(尽管如他随后警告指出的那样,这个观念太过狭隘)。在他的主要著作《国家学的复兴》中,哈勒再三宣称他的目的之一在于表明"我们称

---

① 罗伯特·菲尔默,《父权制》(*Patriarcha*),见萨莫维尔(J. P. Sommerville)编,《父权制及其他著作》(*Partriacha and Other Writings*),剑桥:剑桥大学出版社,1991年,第一章,第10段,第12页。

之为国家的团体与其他联合的不同并不存在本质差别,而只有程度上的不同".① 哈勒为了进行这一计划,向契约论的所有版本发动了持续的攻击,他将其描述为"妄想",并且认为国家与最自然的社会形式一样自然,以至于我们并不能发现,在自然社会与那些人们误称为"市民社会"的社会之间有任何差别。"除了哲学学派,古人如同今天的整个世界一样,都不知道这个假装是科学的术语,这个术语在自然状态与市民社会之间建立起一个本质区别。"②国家并非通过人的理性行为创造出来的,而是经过自然过程而形成的。因此,"国家与其他社会联系的区别仅仅在于它们的独立性,即它们享有更高程度的权力和自由"。③ 前政治社会与国家的区别是程度上的,而不是本质上的,这一点再清楚不过了。在一个有限的链条上,社会与社会之间环环相扣,在一个社会的顶点,积聚起另一个社会。这样,我们就不可避免地抵达这样一个社会,所有其他的社会都取决于它,而它却不依赖于任何其他的社会。这个最终的社会就是国家。但是,一个社会能够变成一个国家,也能不是一个国家,这都并不改变它的本质。

十、模型的目的

[23]我在本文开篇即已指出,一直到黑格尔为止,自然法理论的概念模型都是成功的。而黑格尔对自然法传统的态度则是复杂的,因为他对自然法既拒斥,又接受。无可争辩的是,黑格尔一方面不失时机地批判自然法理论概念模型的基本特征:自然状态、社会契约、国家作为自愿结合而不是有机体等等。他把他的前辈的

---

① 路德维希·冯·哈勒(K. L. von. Haller),《国家学的复兴》,里昂:卢桑德(Rusand)出版社,1824—1830 年,第二章,第 8 页。(英译者注:以上引文由译者翻译。)
② 同上,第十六章,第 534—535 页。
③ 同上,第 541 页。

原子式的国家观与他自己的国家观进行对比。在他看来,国家是一个"伦理实体",是一个有机体,是通过表达民族精神的宪法形成的作为整体的社会组织。但是,另一方面也不可否认的是,黑格尔又利用了这些要素。他在适当的地方和环节将这些要素插入到对"客观精神"的叙述中,由此使它们成为他的体系的本质特征(若非排他性特征的话)。自然状态作为人类的原初状态被消除掉了,但在论述客观精神的末尾和国际关系中又重新出现。构成自然法理论家社会原子主义的主要要素的经济人阶段,也出现在黑格尔体系中,在直接论述国家之前的那一部分。黑格尔在讨论"市民社会"(在这里意指"资产阶级社会")的这一部分,把阐述"需要体系"的章节叫作"原子论体系",这绝非偶然。黑格尔将先前的著作家们在分析自然状态以及与实定法(实定法只能在国家的基础上产生)相对立的自然法时所论及的绝大多数问题纳入到客观精神运动开始的抽象法阶段中。①

[24]正如人们经常指出的那样,黑格尔对于自然法理论看似含糊的态度决定于其体系的复杂性。这一体系之繁复表达令人难以理解,这些表达描述了一个既极端分殊又极端紧密的总体。我认为前面段落中概述的古典与近代概念模型的对比可以帮助我们阐明黑格尔体系的复杂性。众所周知,黑格尔体系包罗万象,对以前的体系包举无遗——至少没有遗漏黑格尔认为是根本的东西。

---

① 我在《黑格尔与自然法》(Hegel e il giusnaturalismo)的长篇论文中详细探讨了黑格尔与自然法理论之间的关系,见《哲学评论》(*Rivista di filosofia*),第 58 卷,1966年,第 379—407 页。后来,我在《黑格尔与法》("Hegel e il diritt",见泰桑托尔(F. Tessotore)编《黑格尔的影响》[*Incidenza di Hegel*],那不勒斯:莫拉诺[Morano]出版社,1970 年,第 217—249 页)和《最近 10 年的黑格尔法哲学》("La filosofia giuridica di Hegel nell'ultimo decennio",见《哲学史批判杂志》[*Rivista critica di storia della filosofia*],第 27 卷,1972 年,第 293—319 页)这两篇论文中回到了同一问题;这些论文以及其他作品均已收入《黑格尔研究》(*Studi hegeliani*,都灵:艾奥迪[Einaudi]出版社,1981 年)一书中。

即便这是个常识，但也因其真理性而一向令我们感到惊奇。我们每一次靠近黑格尔体系，想要对它的深层基础作出进一步理解的时候，都证明了这一点。现在，古典与近代这两个概念模型的对比成为了一种解构与重构黑格尔体系的手段，从而使我们能够更好地理解这一体系。

正如我刚刚讨论过的黑格尔的同时代人哈勒的例子所表明的那样，直到黑格尔之前，这两大概念模型一直迥然有别。我的意思是说，直到黑格尔之前，整个政治哲学的传统都在两条平行的路径上前进：建立在"家庭—国家"二分基础上的亚里士多德路径，和建立在"自然状态—市民社会"二分基础上的霍布斯路径。黑格尔是第一个（也是最后一个）把这两个概念模型融合到其体系之中的思想家。他的实践哲学体系是一个综合，因为他试图在古典和近代政治哲学传统之间进行调和，更准确地说，既不舍弃古典政治哲学传统，也不舍弃近代政治哲学传统。黑格尔试图保存这两个传统，将它们纳入到一个有机总体之中。他之所以能够采取这一做法，是因为他把他的体系表达为三元的，而不是二元的。

让我们再来探讨一下客观精神的最后环节：伦理，及其三个部分，即家庭、市民社会和国家。在前面数页的论述之后，[25]现在，我们就可以清楚地看到黑格尔的"三一体"（triad）来自于他对之前两个伟大的二分的结合。这一运动与古典概念模型一样，从家庭开始，然后继之以市民社会。但是，市民社会的第一环节——需要的体系——以一种更成熟的表达复述了自然状态的基本主题。思想家们越来越多地把自然状态视为经济人的领域。这是资产阶级社会新经济关系得以发展的状态，它促进了对一种新科学（经济学）的阐发，此时经济学不再意指"家政"。在之前的两个概念模型中（它们都是两元的），前政治社会要么是作为最初的自然社会的家庭，要么是作为在相互竞争的个体之间的交换关系的领域的自然状态。但是，在黑格尔的"三一体"模型中，在国家之前，既有家庭,又有市民社会。换言之,黑格尔从传统理论中恢复了家庭的环节,将其作为人类社会发展的初始环节。但是,他也没有像反动的著作家那样,排除个人(或社会阶级)——而不是家父——构成社会关系主体的环节。这是个人与个人(或阶级与阶级)相互冲突的环节,正如已经论述过的那样,它被认为是反映了商业资产阶级社会的兴起。在黑格尔那里,从家庭到国家的过渡既不是直接进行的,也不是渐进发展的,而是经历了一个中间的否定环节。这个环节一方面表现了家庭的解体,另一方面则表现了在更高的层面(即国家)上重建社会生活的必要前提。如同在古典概念模型中一样,国家是一个像家庭(而非市民社会)一样的伦理有机体。尽管如此,国家又像在近代的概念模型中那样,是个人和阶级间的冲突关系在其中占主导地位的需要体系的对立面。在前两种模型中,国家要么被认为是先前状态的继续,要么被视为是先前状态的对立面。而在黑格尔的模型中,国家既是(家庭的)继续,又是(市民社会的)对立面。

第二章　霍布斯的政治理论

一、著　作

[26]作为哲学家,霍布斯(1588—1679 年)长期以来被认为只是培根的一个微不足道的信徒而已,直到滕尼斯(Ferdinand Tönnies)对他的地位作出重新评价。霍布斯把哲学的全部主题分为三个部分,分别出版于他的《论物体》(*De Corpore*)、《论人》(*De Humine*)和《论公民》(*De Cive*)中。不过,他主要是一位政治哲学家,下述事实表明了这一点:在英国内战爆发之际,他就在其余两本著作之前许多年阐述了专论政治学的部分的《论公民》(1642年)。对这三部分进行仔细阅读和比较,就会清楚地发现,尽管《论公民》与《论物体》(1655 年)和《论人》(1658 年)前后相距十多年,但它是霍布斯完全完成了的作品。此外,尽管他在英国内战爆发前撰写的第一部哲学著作《自然法和政治法原理》(*Elements of Law Natural and Politic*)的标题是关于自然法和政治法的,但它完全是一部哲学论著,是霍布斯体系的一项实验。其中对国家理论的论述篇幅最长、最为详尽,以至于评论家们一致认为它就是霍布斯 1651 年出版的主要著作《利维坦》的初稿。最后,如果我们考

虑一下霍布斯自己出版的著作(包括这里提到的著作,以及其他类似主题的次要著作)的各种版本,就能认识到,终其一生,霍布斯对政治思考的兴趣是何等地普遍与持久:[27]

1)1640 年,《自然法和政治法原理》,已提及;

2)1642 年,《论公民》的第一个私人版本;

3)1647 年,《论公民》的第一个公开版本,附有回应反对意见的注释;

4)1650 年,《论政治体》(*De Corpore Politico*),或《法律、道德与政治的原理》,是《原理》国家部分的单独出版;

5)1651 年,《利维坦》(英文版);

6)1666 年,《一位哲学家与一名英格兰普通法学者的对话》;

7)1670 年,拉丁文版《利维坦》,其中一部分可能是写于英文版之前,但是直到霍布斯老年时才得以出版。其中除了修正宗教理论阐述中出现的错误之外,并无实质性改动。

为了完成这一幅画卷,我们应该记住霍布斯的历史著作在多大程度上也是政治著作。这类著作发端于他对修昔底德作品的翻译。根据他的评论者的一致意见,在这部译作中,读者可以看到霍布斯开始作为政治著作家出现。霍布斯的最后一部历史著作——《比希莫特:英格兰内战原因史》——是对促使他进行政治思考和对他的政治思考提供背景的事件的讲述。

在所列的作品中,这三本著作对理解他的政治思想是至关重要的:《自然法和政治法原理》《论公民》(第二版)和《利维坦》(英文版)。《利维坦》(英文版)通常被认为是霍布斯政治理论最完整、最可靠的版本。近来,学者们倾向于强调而非低估霍布斯作品之间的差异,尽管更多的是方法论问题,而非实质性问题。尽管如此,霍布斯政治理论的核心在《原理》中已经得到了完整的表达和发展,并在其后续作品中得到了坚持。

不像大多数政治著作家那样,霍布斯从未从事过政治实践,他既不是任何一个党派的成员,也不是君主的顾问。[28]在该术语最完全、最狭窄的意义上(in the fullest and most narrow sense of the term),他是一位政治哲学家。如英国历史学家所述,与马基雅维利相比,他仅仅是一个"博学之士"。霍布斯起初作为家庭教师,然后作为秘书,最后作为座上宾,在卡文迪什家族和德文希尔伯爵的庇护下度过了他漫长一生的大部分岁月。在年轻的时候,他曾三次游学欧洲大陆(1610—1613 年、1629—1630 年、1634—1637 年),这些经历使他得以结交当时伟大的哲学家和科学家(他同笛卡尔和伽利略都曾谋面)。1640 年末,在长期国会召开(1640年 11 月)前,霍布斯流亡法国。他没有遭到迫害,但是他害怕遭到迫害,因为这一年他写了一本著作(已提及的《原理》),被人们私下传阅。在这本书中,他坚持认为君主制是最好的政府形式(第二部分,第五章)。他在法国度过了 11 年,几乎一直在巴黎,在这里,他时常出入于以梅森神父(Father Mersenne)为首的科学沙龙。1646 年,他应召担任同样流亡巴黎的威尔士亲王(未来的查理二世)的数学教师,但是从未与宫廷建立起密切的联系,以至于他被迫使接受斯图亚特王朝失败的后果。

在克伦威尔恢复和平之后,霍布斯回到英格兰,此时,他刚刚出版了他的主要著作《利维坦》(1651 年)。人们指责他写作《利维坦》是为了获得胜利者的好感。总体而言,这一指控是不公正的。在克伦威尔时代,霍布斯确实能够享受到独立学者的闲暇,因而出版了他所有主要的非政治性作品:《论物体》(1655 年)、《关于自由、必然和偶然的问题》(1656 年,其中收录了他与布拉姆霍尔[Bramhall]主教争论的所有作品)、《论人》(1658 年)。他自愿接受了由他极度厌恶的革命所产生的这个政权,但是他对新主的妥协并未达到 1660 年复辟发生时他以前的学生查理二世不会出于仁慈而接纳他的地步。

霍布斯晚年致力于他所钟爱的研究,这些研究不时地被各种论争所打断。这些论争常常由他在科学[29]和宗教事务上的对手(如数学家约翰·瓦利斯)而不是政治上的敌人所激发。为了回应人们对他的《利维坦》所做的不虔诚和无神论的指控,他撰写了《对异端及其惩罚的历史叙述》(1665—1666 年),但没有完成。对于人们对《利维坦》所做的政治上的攻击,他的辩护并没有那么紧迫,因为除了反教权主义之外,《利维坦》也可以被理解和接受为对复辟的辩护和申辩。年轻的洛克在担任牛津大学基督学院的教师并撰写他的第一部关于政府官员的政治短文时,就是这样解释和接受它的。

二、主导思想

尽管霍布斯从未成为一名政治活动家,但他的确是从他那个时代现实且又紧迫的问题——国家统一问题——出发而从事政治著述的。一方面,国家统一面临着宗教论争以及国家与教会之间冲突的威胁;另一方面,它又面临着王权与议会之间的冲突以及关于分权的争论的威胁。压迫与自由,无政府状态与统一,这两个主要对立支配了所有时代的政治思想。霍布斯显然属于政治思想由第二个对立所激发的那些人物的阵营;他为之辩护的理想不是反对压迫的自由,而是反对无政府状态的统一。困扰他的,是权威瓦解的观念、由人们在什么是正义和什么是不义问题上的意见自由所导致的混乱,以及统一权力的瓦解(当人类开始坚持认为权力必须受到限制时,这一瓦解就必定会成为现实)。简言之,无政府状态的威胁困扰着他,在他看来,无政府状态就是人类重新返回到自然状态。霍布斯最为害怕的恶不是由于权力的过度而产生的压迫,相反地,是由于权力的缺乏而产生的不安全。霍布斯感受到了召唤,要把他的哲学体系建立为防止这种不安全的最好的、不可战胜的堡垒。不安全,首先是一个人的生命——它是首要的善(*primum bonum*)——的不安全,其次是物质利益的不安全,最后是[30]一个人生活在社会中时可能享有的大大小小的自由方面的不安全。

在霍布斯的成年时期,英格兰政府的瓦解已到了内战的极端阶段。当我们从内乱前写下的《原理》,转向各派系之间持久而又血腥的斗争达到弑君的高潮之际所作的《利维坦》时,就会发现,内战的主题得到了明显纾解。起先,内战是我们必须从中解脱出来的一个恶梦;然后,它是我们为了将来必须予以防止的灾难。造成国家分裂的派系斗争的主题都出现在了《原理》和《利维坦》中。(与美狄亚姐妹把她们的父亲剁成肉酱以让他重生的匪夷所思的比喻一起。)但是,在《利维坦》中,这一主题两次引出了内战的形象;而在《原理》中,霍布斯则只一般地谈到了“叛乱”。在《利维坦》中,霍布斯经常提到内战是最大的恶。① 当他写道:“无论如何理解将会有什么样的生活方式,在没有共同权力使大家慑服的地方,尽管他们曾经生活在和平政府之下,他们仍将堕入内战的状态之中”(第十三章,第83页),他就不只是一般地提及内战,而是具体谈到曾经肆虐并且仍然肆虐于英格兰的内战了。在“引言”第一页,霍布斯就提出了人体与政治体之间的著名类比,并把“动乱”比作“疾病”,把“内战”比作“死亡”(第5页)。内战是一种困扰(*a idée fixe*)。在这本书讨论政治之前的心理学部分,他在讨论思维的“无序”(unguided)联合时,讲到了一个人“在谈论我们当前内战

---

① 霍布斯,《利维坦》,迈克尔·奥克肖特编,牛津:布莱克维尔(Basil Blackwell)出版社,1946年,第120、136、219页。此后引自《利维坦》中的页码,指的就是这一版本中的页码。

时"问起"一个罗马银币值多少钱"（第三章,第 14 页）的例子。在
《论人》中,他在谈论傲慢（也就是那些被认为是聪明的人的缺点）
时,提到了那些宣称自己能够[31]为国家立法,而不是适用主权者
颁布的法律的法官。霍布斯这样评论道:"这正是内战的源起。"
（第十三章,第 6 节,第 115 页）

在《论物体》第一章中,霍布斯赞美了哲学。那些为改善人们
的生活作出贡献的机械技艺产生于自然哲学,审慎的人则能够从
公民哲学中得出善治的技艺。善治是什么意思呢？它意味着把国
家建立在不可能解体的稳固基础之上。也就是说,善治意味着将
内战的危险从霍布斯所言的那些"产生屠杀（massacres）、凄凉
（desolation）和萧条（scarcity）"（第一章,第 7 节,第 7 页）①的事物
那里摆脱出来。稍后,他又再次谈到了内战,并称之为"最大的灾
难"。霍布斯反复回到同一要点。② 正当霍布斯向我们解释对他
而言哲学意味着什么,以及它的目的和作用是什么的时候,他的关
注点再一次地转向内战问题:"我们不是从知道道德哲学和公民哲
学而获得的利益,而是从由于忽视道德哲学和公民哲学而降临到
我们身上的灾难,来判断它们的效用。另一方面,所有由于人类的
辛劳能够避免的灾难,全都来自于战争,尤其是内战。"（同上）

对国家解体的危险的担忧,促使霍布斯去从事哲学思考。他
确信国家解体的主要原因要到人心中去寻找,到人类持有的或从
邪恶的教师那里接受的错误意见中去寻找。这些错误意见涉及到
什么是正义、什么是不正义,以及主权者的权利和臣民的义务。对
煽动叛乱的意见进行谴责,是在他的这三本政治著作中一再出现
的主题,他把这种意见视为骚乱的主要原因。霍布斯在论证有利

---

① 英译者注:引自霍布斯拉丁文著作中的段落是由我翻译的,所引拉丁文著作在作者
的注解中已提及。

② 英译者注:意大利语表述为"问题的症结之所在"（La lingua batte dove il dente
dole）,直译为"舌头碰到了牙痛的地方"（the tongue touches where the tooth aches）。

于主权者的权利,谴责那些与国家的福祉相对的意见时,这样评论道:"因为人们的行动来自[32]意见,为了他们的和平与和谐起见,良好的人们的意见就是良好地管理人们的行为。"(《利维坦》,第十八章,第 116 页)在前引《论物体》的段落中,霍布斯继续将哲学与内战之间的联系分析如下:"内战的原因在于我们忽视了和平与战争的原因。很少有人认识到他们的义务,也就是社会生活的真正规则。由于这些义务,和平才得到巩固和保持。"(第一章,第 1 节,第 7 页)在《论公民》的"致读者的前言"(这是霍布斯作品中最优美的段落之一)中,霍布斯将其之前的道德哲学家们的"具有相反性质的意见"(hermaphrodite opinions)比作希腊神话中那些半人半马的怪物(Centaurs),"一种好战而不安分的物种"。因为他们就像后者一样,"既有正确和吸引人的成分,也有野蛮和非理性的内容,这就是一切争执和杀戮的起因"(第 xiii 页)。

三、方　　法

如果说困扰公民社会的恶的主要原因本质上是哲学的,那么对它的疗治也只能来自于哲学。但是,到底是何种哲学呢?

好哲学必然最终驱除长期主宰人心并使它们误入歧途的旧哲学。同时,好哲学的问题与方法问题紧密相连。在长年的人文主义研究之后,霍布斯通过他旅居欧洲大陆时与当时一些主要科学家的接触,确信唯一先进的科学是那些运用几何学的严格演绎方法的科学。唯有这类科学的高度发展才彻底改造了宇宙的观念。难道我们不能由此作出推论,认为道德科学落后的原因在于方法的缺陷吗? 在一个对自然科学的成功充满激情的氛围中,难道使人和社会的研究走上自然研究取得如此成功的康庄大道的时代还未到来吗? 如前所述,扰乱社会和平的主要原因[33]在于意见的繁多。而意见的歧异根本上依赖于这样一个事实,即道德哲学家要么出于无知,要么出于偏见,从未试图把政治科学变成一门严格的科学。在几何学和一些论证性的科学中,关于真理和谬误的无益争论没有容身之地。我们能够从可以引用的许多段落之一中读到,几何学"是上帝眷顾而赐给人类的唯一科学",并且他稍后写到,"因此,[它的]结论是无可争辩的"(《利维坦》,第四章,第 21 页;第五章,第 27 页)。然而,道德哲学最需要严格的方法。"当我们作为智力训练思考某个题目时,若有谬误悄然溜入,除了时间上的损失,这不会造成什么危害。但是,在人为了生存方式而应予思考的问题上,谬误甚或无知肯定会导致侵犯、争执和杀戮。"(《论公民》,"前言",第 xi 页)。

霍布斯认为道德科学落后的一个原因在于,它们的真理会阻碍"人的野心、利益或者欲望"(《利维坦》,第十二章,第 68 页)。他坚信:"三角形的三角之和等于正方形的两直角之和,但这一观点若与人们的统治权相悖,或与拥有统治权的人们的利益相悖,那么只要与之相关的人能够做到,如果无异议的话,他就会采用焚烧所有几何书籍的方式来压制这种学说"(《原理》,"书信体献辞",第 xvii 页)。在他的第一本书的最初几行中,霍布斯区分了两种知识,数学知识和教条知识。前者"不受争论与辩论的影响",因为它仅处理形状与运动,也不干涉任何人的利益。反之,"后者中没有什么不可争论之物,因为它对人进行比较,并且干涉他们的权利和利益"(同上)。在前面引用的《论物体》的段落中,霍布斯提出了关于这一主题的另一说法,并且对数学家的"科学"著述与道德哲学家的"冗长"著述进行对比,说后者只关心"对他们的雄辩[34]和天才进行大吹大擂"(第一章,第 7 节,第 8 页)。在《利维坦》的一个段落中,霍布斯把道德科学和公民科学比作望远镜,它使我们能够看到远处的事物;他把它与这些激情的放大镜进行对比,即使近在眼前的事物,也被这些放大镜弄得扭曲变形了(《利维坦》,第十八章,第 120 页)。

在这场弘扬严格的政治科学的斗争中,霍布斯旨在一举打倒数个目标。他的最为著名的对手是亚里士多德;对亚氏而言,伦理学和政治学是或然性事物的科学,而不是具有确定性的事物的科学。它们不是逻辑学的领域,而是修辞学的领域。在《原理》的书信体献辞中,霍布斯在一个为他自己的拙劣风格进行辩护的段落中,可能暗指了这一观点。他说,他请教"逻辑学为多,修辞学为少"(第 xvii 页)。通过反对这一古老的、饱受尊敬的亚里士多德学说,霍布斯确立了近代自然法理论最为独特的原则:对一门论证性伦理学的追求。

次要的对手人数众多,由旧的和新的经院哲学家们构成。他们用宗师(亚里士多德)之言起誓;他们不是把理论建立在理性和经验上,而是建立在先例的权威上。他们出于懒惰,或是为了取悦权贵,盲目遵从这些先例。他们也拘守纯粹的书本知识。霍布斯批评这些人把时间浪费"在他们的书本上来回翻找,其情形就像是一些小鸟,从烟筒进来后,发现自己被关在一间屋子里一样,由于没有那样聪明,认不出是从哪条路进来的,于是便对着玻璃窗上那种非真实的光线乱扑"(《利维坦》,第四章,第 22 页)。在另一段中,他把那些人比作这样一种人,他们"就像是盲目地信赖击剑师的虚假法则的人一样,冒冒失失地冲向敌人,不是被敌人杀死,就是名誉扫地"(《利维坦》,第五章,第 30 页)。由于大学是他们的巢穴,因此,霍布斯反对书本主义和反对经院主义的争论便与他对大学的批评齐头并进了。大学没有研究真正的哲学和几何学的地方。只要"唯有亚里士多德的权威在这里流行,这种研究便不是真正意义上的哲学……而是亚里士多德学"(《利维坦》,第四十六章,第 439 页)。

[35]在霍布斯写作的时代,他面临着理性的第三类敌人,也是最危险和最狂暴的敌人。他们是"为激情所惑的人"(inspired),即狂信派、狂热派、幻想家和假先知。他们都不是靠理性言说,而是

靠信仰言说,他们误把自己的幽灵当作神启的真理,相信他们自己就是被诅咒的众人中间的少数得救者,并在这种撒旦般的骄傲的驱使下,发表他们的煽动性意见。在《论公民》的一段,霍布斯称他们为"背叛自然理性的人"(第十二章,第 6 节,第 156 页)。在《利维坦》的另一段,他把激情视为疯狂的一个例子(第八章,第 47 页),并且这样描述它的受害者:"于是,他们马上便沾沾自喜,以为得到了全能的上帝特别的眷顾,通过圣灵以超自然的方式向他们启示了这样一种真理"(第八章,第 48 页)。

四、人造人

霍布斯在处理他的主题时采用了什么方法,他是否真有这样一套方法,或者他是否在适用其他方法时系统地阐述了一些相互冲突的方法,这些都是引起激烈争论的问题,实际上可能是无关紧要的。要理解他试图发现一种严格的伦理科学的更深层次的原因,重要的是要指出霍布斯的努力是建立在唯名论的知识论的基础之上的。霍布斯不像那些坚持数学与伦理学、论证性的自然科学与非论证性的人类科学明显分离的思想家,认为政治学是与几何学最为相近的知识。正如人们多次指出的那样,[1]霍布斯的论证与维柯用来表明历史可知的论证是一模一样的。

在《论人》的一段中,霍布斯区分了可以先天证明论证的科学(也就是以一种严密的方式证明的科学)与不可证明的科学。可以证明的科学[36]是那些涉及到人由人的意志所创造的对象的科学。因此,几何学是可以证明的,因为"我们自己创造了它的形

---

① 这里仅举一例,即柴尔德(A. Child),《霍布斯、维科和杜威中的制作与认识》(*Making and knowing in Hobbes , Vico , and Dewey*),贝克莱:加利福尼亚大学出版社,1953 年。

状"，而物理学则是不可证明的，"因为自然事物的原因不在我们的掌控之中，而是在神的权力之下"。伦理学和政治学就像几何学一样，是可以证明的，"因为我们创造了赖以认识什么是正义和公平、什么是不义和不公平的原则，也就是说，我们创造了正义的原因，即法律和契约"（第十章，第 5 节，第 93—94 页）。①

　　我想搁置关于这个论点的效力问题，转而强调它对于我们理解霍布斯的思想以及评价其历史地位所具有的根本重要性。与古人的观念相比，文艺复兴时期思想的一个典型特征就是彻底改变了自然与人为之间关系。这是霍布斯的第一位老师培根的哲学的一个深刻标志。② 人为不再是对自然的模仿，而是与自然平起平坐。这一转变标志着人们现在开始用全新的眼光打量人造之物，一般而言的人类产业，并且给予它更高的评价。现在，人们将自然设想为一台巨大的机器；要洞察自然的奥秘就是要理解它的机制赖以运转的法则。一旦发现这一奥秘，人类就能够通过建造其他的机器重造自然，并使之完美，增加它的力量，而不只是模仿它。对霍布斯而言，国家就是人类创造的这类机器之一，其目的是为了弥补自然的缺陷，并且用一种人的聪明才智创造的产品——也就是人为之物——取代自然的有缺陷的产物。

　　这一国家观念构成了一个更为广泛的计划的一部分，这个计划一方面要从并不总是仁慈的自然那里拿掉其古代王国的一部分，另一方面也把那些传统归之于自然的产物看作是人类创造和发明的成果。在霍布斯看来，不仅形状和数字、政治体和社会生活

---

① 霍布斯在《给数学教授上的六堂课》一书的"献辞"（《霍布斯英语著作集》[*EW*]，第 7 卷，第 183 页）中用大致相同的措辞表达了同样的观点。

② 我这里参考的是罗斯（P. Rossi）在他的《哲学与机器：1400—1700 年》（*I filosofi e le macchine*, 1400—1700, Milan: Feltrinelli, 1960）附录一"自然-技术的关系以及世界机器"（II rapporto tra natura-arte e la mecchina del mondo）第 139—147 页中富有启发性的论述。

都是人的产物,而且语言也是人的产物。如果我们把逻辑学仅仅视为允许我们严格使用语言的一套工具的话,那么我们就应当在几何学和政治学之外,加上第三门可以证明的科学:逻辑学。在这一计划中,霍布斯最为广泛、最为一贯地阐发了政治科学部分。霍布斯从国家是一台自动机的假定出发,把哲学的整个领域划分为两大部分:自然哲学和公民哲学。前者涉及"什么是自然的作品",后者则考虑"通过人与人之间的协定和契约,人的意志创造了什么"以及"什么是所谓的国家"(《论物体》第一章,第 9 节,第 10页)。同样地,历史也分为两类,一类是自然史,这就是"不以人的意志为转移的自然事实或结果的历史,如金属史、植物史、动物史、区域地久史等等都属于这一类。另一类历史是人文史,也就是国家人群的自觉行为的历史"(《利维坦》,第九章,第 53 页)。

　　早在《论公民》一书"致读者的前言"中,霍布斯就把国家比作一个典型的机器——钟表,"对于钟表或相当复杂的装置,除非将它拆开,分别研究其部件的材料、形状和运动,不然就无从知晓每个部件或齿轮的作用。同样,在研究国家的权利和公民的义务时,虽然不能将国家拆散,但也要分别考察它的成分"(第 xiv 页)。《利维坦》的"引言"包含了霍布斯国家理论的宣言,它以这样的话语开头:"大自然,也就是上帝用以创造和治理世界的艺术,也像在许多其他事物上一样,被人的艺术所模仿,从而能够制造出人造的动物"(第 5 页)。在讲完那种艺术甚至能够模仿"有理性的大自然最精美的艺术品——人"之后,霍布斯解释道:"这一被称为'国民的整体'或'国家'(拉丁语为 civitas,即城邦)的庞然大物'利维坦'是用艺术造成的,它只是一个'人造的人'。"霍布斯继续在作为[38]自然机器的人和那作为人造机器的国家的各个部分之间进行了缜密而又仔细的对比。最后,用来把这个政治团体的各部分最初建立、联合和组织起来的"公约"和"盟约"也就是上帝在创世时所宣布的"命令"(第 5 页)。

霍布斯把作为人造物、人工产品的国家和公民社会与非社会的自然状态进行对比。这一思想是霍布斯政治理论的基础,对此,我将在接下来的部分作出更加清楚的解释。在这里回想一下这一点就够了:除了将国家与时钟进行类比之外,如下面这段话所表明的,霍布斯还将它与精确的"建造"(built)物——即房子——进行类比:"时间和劳动每一天都在产生新知识。良好的建筑艺术是从理性的原理中得出来的,而这些原理则是勤勉的人们在开始笨拙地进行建筑以后很久,才从长期研究材料的性质以及形状与比例的各种效果的过程中观察到的。同样的情形,在人类开始建立不完善和容易回到混乱状况的国家以后很久,才可能通过勤勉的思考发现除了使国家的结构受外在暴力作用以外永远存在的理性原理。"(第三十章,第 220 页)

无论是作为钟表匠,还是建筑师,人,或者更为精确而言,人类在他们的历史发展中通过建立国家而创造了最为复杂、可能也是最为精美、并且肯定是最为有用的机械。只有这一机械才能使得人类幸存于并不总是友好的自然环境中。如果我们接受人类受命改正自然,而不仅仅是模仿自然的话,那么建立国家就是他们作为能工巧匠的能力的最为高尚和最为高贵的表达。

五、自然状态

霍布斯的三部主要政治著作都对自然状态进行了描述。除了些微变动外,这些描述根本上都是一样的,并且都是为着同样的功用。霍布斯在《原理》第一部分第十四章、[39]《论公民》第一章,以及《利维坦》第八章,为了证明"人造人"的创造是正当的,提出了自己的论证。这些论证出现在他对客观条件的分析中。在这些条件下,人类正好发现自己处于自然状态(这是一些不依赖于人的意志的条件),并且建立在部分地由那些客观条件所激发的人类激情的基础上。

首要的客观条件就是人类事实上是平等的。人生而平等,能够彼此造成最大的恶:死亡。在这一条件之上,可以加上第二个客观条件:物资匮乏,这是产生很多人都欲求同一事物的原因。在相对匮乏的情况下,平等唤起了每一个人都想要实现其目的的希望。平等与物资的相对匮乏相结合,产生了一个永远的相互缺乏信任的状态,它诱使所有人为战争做准备,一旦有必要就发动战争,而不是寻求和平。在这些客观条件中,《原理》和《论公民》尤其强调对一切事物的权利(ius in Omnia)。这是自然赋予生活在公民社会之外的每一个人对一切事物的权利。拥有对一切事物的权利意味着,只要民约法(civil law)还没有引入区分"你的"和"我的"的标准,每个人都对处于其权利之下的所有事物享有占有的权利。或者,根据另外一种解释,他有权占有对他的自我保存有益的所有事物。事实上,霍布斯所言的客观条件本身即足以说明自然状态的痛苦。事实上的平等与资源的匮乏,以及对一切事物的权利,三者一同不可避免地产生了一种残忍的竞争局面,它总是面临着堕入暴力斗争的危险。

自然使人处于诸般激情的支配之下,这些激情是邪恶自然的馈赠,它们使人更倾向于非社会性,而不是社会性。自然加在困窘的人身上的这种事实使前述状况变本加厉。霍布斯对他的同类——人,并无溢美之词。如果我们愿意的话,可以从霍布斯的著作中摘出大量论及[40]人类恶的箴言和论断。在与布拉姆霍尔主教讨论自由与必然的问题的时候,霍布斯断言人类由于觊觎财富与特权、渴望肉体上的欢娱、不能进行沉思和愚蠢地信奉错误原则而抗拒真理(《英语著作集》,第四卷,第 256 页)。在《利维坦》的一个段落中,霍布斯在把人分为只顾获利的贪婪之徒和耽于声色之乐的怠惰之人后指出,"这两种人占了人类的绝大部分"(第三十章,第 224 页)。在描述自然状态时,霍布斯尤其强调虚荣(vainglory)，因为它是这样一种激情，"它源于认为自己的力量高于他的竞争者的力量的臆想和观念"(《原理》，第一部分，第九章，第1节，第28页)。我们可以把区别于感官之乐的心灵愉悦归于宽泛的虚荣(vanity)的名目之下(《论公民》，第一章，第2节，第5页)。由于总是有人在这种激情的支配下，想要出人头地，盖过他们的同类，因而冲突也就在所难免。在《利维坦》中，霍布斯总结了冲突的三个原因：竞争、猜疑和荣誉。竞争使人为了利益而争斗；猜疑使人为了安全而争斗；荣誉使人为了名声而争斗(第十三章，第81页)。在引发冲突的这些激情中，霍布斯特别强调虚荣，因为他将其视为权力欲最明显的证明：无休止的权力欲总在驱使一个人去反对其他人。

霍布斯只有在《利维坦》中才阐明了政治科学的根本问题：权力的问题(他用整整一章来论述这个问题)。对于这一主题，这两行文字是决定性的："因此，我首先作为全人类共有的普通倾向提出来的便是，得其一，思其二，死而后已，永无休止的权势欲。"(第十一章，第64页)他把权力界定为一种取得某种未来的明显利益的手段。权力有两种，一是自然权力，它依赖于身心官能的卓越能力；二是工具性权力，它包括能够提高自然权力的各种手段和工具，如财富、名誉和朋友等等。我们可以说，一旦这种[41]死而后已、永无休止的权力欲被发现，我们就没有必要再去说证明自然状态中人类生活的苦痛了。但是，如果我们想一想前述令人不快的客观状态是在激发而不是限制为了权势的斗争的话，那么自然状态的使人恐怖的图景也就毕露无遗了。

自然状态是令人恐惧的，因为权力欲会产生一种战争状态的局面。战争状态之所以发生，是因为以下数端：每个人在伤害他人的能力方面都是平等的；物资不足以满足每个人的需要；每个人都享有对一切事物的自然权利。自然状态就是一切人反对一切人的战争状态。"根据这一切，我们就可以显然看出，在没有一个共同权力使大家慑服的地方,人们便处在所谓的战争状态之下,并且这种战争是每个人对每个人的战争。"(《利维坦》,第十三章,第 82 页)

六、一切人反对一切人的战争

我们必须不能从字面上来理解"一切人反对一切人"这句话。如果我们要从字面上去理解的话,那么至少应该把它看成是一个条件从句的结论句,而"存在一个普遍的自然状态",则构成了这一条件从句的条件句。但是,普遍的自然状态(即人类在历史开端或终结处所处的状态)仅仅是一个理性的假设。当霍布斯提到"一切人反对一切人的战争"的时候,他的意思是说,当典型的自然状态出现时,所有生活在这种状态中的人即处在战争状态之中。

按照霍布斯的理解,自然状态只在三种特殊的情形下形成,这是历史证实了的:

1. 原始社会。原始社会既包括当时未开化的种群,如美洲一些地区的土著,也包括现在已经开化了的古代野蛮人。原始社会处在从自然状态向公民社会的转变之前,因此是一种前政治(*pre*-political)状态。

[42]2. 内战状态。这发生在国家已然存在,但因各种原因而解体的情形下。这里出现了从公民社会向无政府状态的转变。我们可以将其称之为反政治的(*anti*-political)状态。

3. 国际社会。没有一个共同的权力来规范国家间的关系。这是一种出现在政治实体间(*among*-political entities)的状态。①

---

① 英译者注:博比奥使用了包含"state"一词的三个术语:*pre-statele*、*anti-statele* 和 *inter-statele*,但是翻译无法一一对应,也不能将"国家"一词完全翻译出来。

　　霍布斯从未认为普遍的自然状态是人类开化前的原始状态。在与布拉姆霍尔主教辩论的一个段落中,霍布斯指出:"很可能,自创世以来,从未有过一段人类完全没有社会的时期。如果说部分人类没有法律,没有统治者的话,那么其他人类则可能生活在国家之中"(《霍布斯英文著作集》,第五卷,第 183—184 页)。尽管他承认少数原始社会确实生活在自然状态中,但是他感兴趣的是在他的时代存在的自然状态:国际秩序以及因内战而产生的无政府状态,而且首先是后者激发了他的兴趣。他念兹在兹的自然状态,以及他所描述的一切人反对一切人的战争,实际上就是使他自己的祖国发生分裂的内战。每一次他把内战说成是最大的恶时,都把它描述成自然状态。当他不得不描述国家权威崩溃(即内战)的后果时,都将其描述为"每一个人反对他的邻人的战争",这句话实际上是自然状态的"一切人反对一切人的战争"的回响。在《利维坦》的一个段落中,就像在《论公民》中一样,他提到美洲人,作为自然状态的例子,但是他加上了一个再清楚不过的暗示:"无论如何理解将会有什么样的生活方式,在没有共同权力使大家慑服的地方,尽管是在从前生活的和平政府之下,[43]他们也仍将会堕入内战的状态之中。"(第十三章,第 83 页)

　　霍布斯是一个现实主义者。对此的最好证明就是他对自然状态的描述,这一描述最后与内战的描述交织在一起,最终合而为一。与洛克的自然状态相比,霍布斯的自然状态要现实得多,当然也就比卢梭在《论人类不平等的起源和基础》中的自然状态要现实得多(卢梭宣称此文是历史的,其实不然)。黑格尔也是一个现实主义者,他不相信传道士们喋喋不休的教说,而是相信历史的残酷教训,认为国际社会就是霍布斯笔下的自然状态。①

---

① 即便在我看来,这似乎是对霍布斯大多数文本最为忠实的解释,但它并不是对其自然状态唯一可能的现实主义解释。还有一些作家,如麦克弗森(见前揭,第一章,第 5 节)就在霍布斯对自然状态的描述中(尤其是在《利维坦》第 81 页中)瞥见了对即将到来的建立在竞争之上的资产阶级社会的描述(第 19 页及以下和第 61 页及以下)。

有人可能会提出反对意见,认为把自然状态说成是一种"永恒的"战争状态并不是现实主义的。但是,准确地说,霍布斯的自然状态不仅意味着一种暴力冲突的状态,而且也意指一种和平在其中没有保障的状态。在这种状态下,和平只有通过相互之间的恐惧、通过我们今天所说的"警诫"才能得到保证。在这种情形下,和平之所以可能,是因为战争的持续威胁。为了保证不被误解,霍布斯在他的三部著作中重复了这一论证(《原理》,第一部分,第十四章,第11节;《论公民》,第一章,第12节;《利维坦》,第十三章,第82页),此外,在最后这本书——也就是《利维坦》——中,他如往常一样用一个比喻来说明这一概念:"因为正如恶劣气候的性质不在于一两阵暴雨,而在于一连许多天中下雨的倾向一样,战争的性质也不在于实际的战斗,而在于整个没有和平保障的时期中人所共知的战斗意图。"(《利维坦》,第十三章)

"一切人反对一切人的战争"是一个夸张的表达。如果我们不考虑其中的夸张手法,那么它指的就是,众多的人们(不管是个人,还是群体),由于[44]缺乏一个共同的权力,而生活在对暴死的持久的和相互的恐惧之中的那种状态。这种夸张的手法只是帮助我们把它理解为一种无法忍受的状态。如果人们想要拯救对他们而言最为珍贵的东西(即生命)的话,那就必须迟早走出这种状态。

七、正确理性的命令

理性协助那些想要逃离自然状态的人。这里,理性被认为是一系列就像"如果你想要 A,那么你必须做 B"一样的审慎规则,即假言规范。人既是激情存在者,也是理性存在者。霍布斯说:"人的理性之为人的本性,绝不亚于激情,凡人皆然(《原理》,第一部分,第十五章,第1节,第57页)"。他在《论公民》中重申:"正确理性之为人的本性的一部分,绝不亚于任何其他的能力或激情"(第二章,第1节,第16页)。

　　霍布斯笔下的理性与使我们能够认识事物之本质的能力无关。理性是一种计算能力,即算计(calculate)("理性就是算计",《论物体》,第一章,第2节,第3页),只要给出一定的前提,就必然得出一个一定的结论。对霍布斯而言,说人被赋予了理性与说他们能够进行理性计算是一回事。这是人能够发现实现他所欲求之目的的最佳手段的另一说法。这样,他们就可以行动,去追求自己的利益,而不仅仅是服从种种激情。霍布斯坚持认为正当理性是人的本性的一部分,他这样说的意思是,人类不仅具有通过原因(*per causes*)进行认识的能力,而且也有出于目的(*per fines*)而行动的能力。也就是说,他们能够遵循可以告诉他们实现预期目的的最佳手段的规则。(正如技术性规则所做的那样。)霍布斯把这些审慎的法则叫作"自然法",这种做法引发了众说纷纭的讨论,也使评论者们抓狂。但是,他这样做只是为了与传统保持一致。如果我们说法律就是被授予权威的人的命令,那么这些理性的命令就根本不是法律。就像霍布斯似乎为了调和不可调和之物①所做的那样,[45]除非人们相信这些人类的审慎规则也是上帝意志的表达,否则前述观点(指法律就是具有权威的人的命令,理性的命令不是法律的观点——译注)就是正确的。

　　在说完自然法"只不过是这样一些理性所理解的什么该做、什么不该做的事情的结论"之后,他告诫说,严格来讲,它们不是法律,但是"就它们是上帝颁布的而言……称它们为'律法'(laws)是最为恰当的"(《论公民》,第三章,第33节,第49—50页)。在《利维坦》中,在自然法的标签之下,他甚至说到,理性为了实现和平而"建议"("建议"即注意到,而不是命令)的"方便易行的条件"(第84页)。后来,他重复说到,由于这些理性的规范只是"一些关于

---

①　英译者注:意大利语,"魔鬼和圣水"。

有助于自我保全和防御的结论和原理"(第十六章,第 104 页),因此"不宜"称作法律。

正如我们已经说过的那样,从长远来看,自然状态是无法忍受的,因为它不能保证人们能够达到至善,即生命。正当理性以自然法的形式为人类提出了一系列规则(霍布斯列举了二十条规则),以保证人与人之间和平共处。在一定程度上,这些法则都从属于霍布斯称之为"根本规则"的第一规则,即"追求和平"的规则。由于在自然状态中人的生命总是处于危险之中,因此理性的根本法则和所有从它衍生出来的法则都以保全生命这一首要目的为宗旨。它们通过引导人类实现和平共处而达到这一目标。但是,由于这些规则是审慎的规则,而非定言命令,因此每个人只有在他确信这样做将会达到其所欲求的目的时,才有义务遵守这些法则。然而,如果一个群体中所有人(至少大多数人)都不遵守这种规则,那么在大多数情形下,规则所规定的目标就很难实现。霍布斯坚持认为,如果我不能确定别人也会遵守规则的话,那么我就没有义务去遵守这一规则,或者更为准确地说,我没有兴趣去遵守这一规则。在这种情况下,霍布斯与自然法传统保持了一致。当自然法传统说自然法则在良心中(*in foro interno*),而不是在外在行为中(*in foro externo*)进行强制时,谈论的是法律或命令,而不是审慎的[46]规则。然而,在自然状态中,有谁能够确保他人也会遵守我愿意遵守的审慎规则呢? 换言之,在最高目的是胜利而非和平的自然状态中,如果我理性地行动以追求和平,有什么能够保证其他人也会这样做呢? 这些首要的自然法则中的一条是,人必须信守承诺。但是,如果一个人不能确信另一方也会信守承诺的话,那谁还会蠢到去信守这种承诺呢?

前面"五"中总结的自然状态诸特征清楚地表明,在自然状态中,无人能够确信其他人也会遵守自然法则。在自然状态中,自然法是存在的,也就是说,它们是具有效力的(valid),但它们并不是具有实际效果的(effective)。简言之,在这种状态中,遵循审慎规则是最不审慎的。理性要求人类追求和平,但是,如果我们想要实现和平,那么群体之中的所有人——至少大多数人——都必须遵守那些为了达到这一目的而对行动进行规定的规则。由于一个根本性的理由,这种情况不会在自然状态中发生:如果有人违反其中一条规则,并没有人强大到足够强迫他服从该规则的程度。从中可以得出,只有一种途径可以使自然法产生实际效果,并且使得人们根据理性而不是激情而行动。这就是建立一个不可抗拒的权力,从而使得任何违反它的行动都将是有害无利的。这种不可抗拒的权力就是国家。因此,为了实现和平这种最高的善,我们必须脱离自然状态,建立公民社会。

八、盟　约

总而言之,理性通过向人们提出达至和平的种种途径,以帮助他们。但是,这些途径只有在人类生活于自然状态下才有效(a-vailable)。因为在这种状态下,普遍的不安会劝说每一个人不要按理性行动。人类实现和平的最初条件是这样一个普遍的契约,通过[47]它,人类可以离开自然状态,建立起一个允许每个人都会遵守正当理性的命令、并且确信其他人也会遵守的国家。单靠理性不足以使人生活于和平的状态之中。如果仅靠理性足以实现这一目的,那就无需国家(也就是民约法)了。(自然法本身足以实现和平的目的。)人类有必要通过同意建立国家,为根据理性而生活创造条件。这种同意是一种意志行为。这样一来,国家就不再是自然的产物,而是人的意志的产物;国家是一个人造的人。

霍布斯对这种契约(compact)的本质作出了非常明确的论述。首先,它必须是多数人之间的契约,而不是少数人之间的契约;它必须是永久的契约,而不是暂时的契约。其次,它必须不是一个追求共同目的的人们之间的简单结合。这种结合只能建立在正当理性的命令之上，它因我们前面考虑过的原因，而是不稳定的。霍布斯坚决反对那种把国家建立在联合公约（*pactum societatis*）①的基础之上、并将公民社会简化为一个互助社会的学说。这种社会不能确保人们对规则的遵守。然而，如果这种联合要发挥作用，它就要亲眼看到这些规则得到了人们的遵守。为了建立一个稳定的社会，人们必须订立初步的协议（agreement），这样就创造了保证后续协议具有可靠性的条件。只有通过这一初步的契约，人类才能脱离自然状态，建立国家。

我们可以从前述自然状态的特征以及离开自然状态的需要出发，重构这种契约的内容。因为自然状态是不安全的，所以这一协议的主要目的便是消除不安全的原因。不安全的主要原因在于缺乏共同权力；建国契约的目的就是建构一个共同权力。建构共同权力的唯一途径是，所有人都同意放弃他们自己的权力并把它转移到一个人身上，这个人既可以是自然人，也可以是人造人，如议会。自此，为了阻止每一个人通过运用自己的权力去伤害他人，这个人将会拥有其所必需的权力。

［48］一般的权力观念中至少包含了两个实质性要素：经济财富和体力。在自然状态中，每个人都享有对一切事物的权利，这一观念根本而言意味着：每个人对他的体力所能征服并且能够进行保卫的所有事物，都享有权力。为了建构共同权力，所有人都必须同意把他们自己的占有转让给一个人。这就意味着，他们把自己所享有的对一切事物的权利都转移到了那个人身上，他们转移的力量的大小就是那个人为了抵抗那些试图违犯这种契约之人的攻击所必需的力度。这一契约的结果便是，每个人都负有一种基本义务。这就是服从契约（*pactum subiectionis*）的典型义务：服从共

---

① 译注：与 covenant of union 进行比较。

同权力的拥有者颁布的一切命令的义务。霍布斯把这一协议称为
"盟约"(the covenant of union)，并且对其进行了如下阐述："我承
认这个人或这个集体，并放弃我管理自己的权利，把它授予这人或
这个集体，但条件是你也把自己的权利拿出来授予他，并以同样的
方式承认他的一切行为"(《利维坦》，第十七章，第112页)。与联
合公约(*pactum societatis*)不同，霍布斯的盟约是一种服从契约。
但是，在传统的服从契约(*pavtum subiectionis*)中，契约双方是作
为整体的人民(*populus*)和主权者。在霍布斯的解释中，如在联合
公约(*pactum societatis*)中，契约各方为被视为个体的成员，他们
相互同意以使自己服从一个并未参加契约的第三方。霍布斯也许
并非完全有意识地将传统理论中作为国家基础的这两种契约结合
起来。如果从契约主体的角度来看，霍布斯的契约是一种联合公
约(*pactum societatis*)；然而，如果从契约内容的角度来看，它则是
一个服从契约(*pactum subiectionis*)。无论如何，其结果都是建构
出前述共同权力，它使得人们脱离自然状态，进入公民社会。

　　这种权力包含了传统主权概念中的最高经济权力[*domini-
um*]和最高强制权力[*imperium*]。政治权力是这两种权力的总
和。《约伯记》中是这样描述怪物利维坦的："在这世上，没有权力
[48]可以与之相比。"[1]这一节经文解释了主权的传统定义："不承

---

[1]　英译者注：博比奥在这里引用的《圣经》中的短句为《约伯记》，第41章，第24节中
的句子，它出现在《利维坦》的扉页图画中：*Non est potestas Super Terram quae
Comparetur ei*。这是《圣经》武加大版中的表述。希伯来文、武加大版拉丁文以及
英语标准版(詹姆士一世钦定版)《圣经》之间有一些差异。这个句子在钦定版《约
伯记》，第41章，第25节中表述为："在地上，没有像他造的那样无所惧怕"(Upon
earth there is not his like, who is made without fear)。这是对希伯来文 *en-'al-'a far
maslo / he'asu livli-hat* 的翻译。这样，武加大版拉丁文《圣经》似乎添加了原文没
有的一个短语(*est potestas*)。然而，值得注意的是，斯图加特版《希伯来语圣经》
(*Biblia Hebraica*)将希伯来文改为 *ba'al hayyot*，"[他被造为]所有动物的主人"。
也要注意，霍布斯在扉页图画中引用的是武加大版《圣经》，而在《利维坦》的圣经解
释部分引用的是则詹姆斯一世的钦定版《圣经》。

认更高权威的权力（*potestas superiorem non recognoscens*）"，"这就是伟大的利维坦的诞生，用更为尊敬的方式来说，这就是活的上帝的诞生：我们永生不朽的上帝之下所获得的和平与安全保障就是从它那里得来的"（《利维坦》，第十七章，第112页）。在他的三部著作中，霍布斯提出了三个越来越复杂、但实质上是相似的国家定义：

1. "一群人为了他们的共同的和平、防务和利益，通过共同的权力联合而成的一个人格"（《原理》，第一部分，第十九章，第8节，第81页）。

2. "它的意志通过若干人的协议被看成是他们大家的意志，它可以为共同的和平与防卫而运用他们的力量和资源"（《论公民》，第五章，第9节，第69页）（值得注意的是，"利益"已经从国家目的清单中拿掉。）

3. "这就是一大群人相互订立信约，每个人都对他的行为授权，以便使它那能按其认为有利于大家的和平与共同防卫的方式运用全体的力量和手段的一个人格"（《利维坦》，第十七章，第112页）。

九、主权是不可废止的

霍布斯将通过主权权力的建构使人类从战争状态过渡到[50]和平状态的功能归于盟约。霍布斯对盟约的构想，使他可以描述由它产生的主权权力的三个根本属性，它们也是霍布斯国家观念的特征：主权是不可废止的、绝对的和不可分割的。如果主权权力是可废止的、非绝对的和可分割的，那它就不是真正的主权，因此就不能实现建构它想要实现的目的。总而言之，盟约是

1. 一个在众多个体之间——而不是在人民与主权者之间——订立的服从契约;

2. 盟约在于把每一个人在自然状态中拥有的全部权力交给一个**中立的**第三方(a third *super partes*);

3. 被授与此权力的这个第三方是一个人格,第 8 节末尾引用的三个定义全都证实了这一点。

不可废止性是第一个特征的结果;绝对性是第二个特征的结果;不可分割性是第三个特征的结果。

霍布斯把原初信约(original covenant)建构为一个众多个体之间订立的信约,而不是一个在已经构成为一个人民的那些个体与这种服从行为的受益者之间订立的信约。他之所以这样做,是为了避免他已经阐明的传统服从契约所面临的危险,即信约可能被废除的危险。因为如果人们把信约解释为委托人与受托人之间的关系,那么信约的内容就是政府职务的授予,这种授予[实质上]是一种一定条件下和一定期限内的信托。霍布斯提出支持盟约不可废止的两个理由:事实上的困难和法律上的不可能性。根据对服从契约(*pactum subiectionis*)的传统解释,如果缔约的一方是作为全体(*universitas*)的人民,而不是大众(*multitudo*),那么多数人即足以废除契约。但是,如果契约各方是作为各个个体(*uti singuli*)——也就是作为大众——的公民社会的所有成员,而非全体人民的话,那么契约就只有在所有人都同意的条件下才能废止。也就是说,一致同意是必需的,而不仅仅是大多数人的同意。[51]霍布斯说:很难想象会发生所有公民概无例外地在反对主权者的阴谋中联合起来的事情。因此,"不用担心主权者被合法地剥夺权威"(《论公民》,第六章,第 20 节,第 90 页)。

法律上的不可能性来自于霍布斯把盟约设想成一种交付给一个第三方的契约。它是这样一种契约,其中契约各方不仅相互承担义务,而且也对那个第三方承担义务,他们订立的是赞成这个第三方的契约。废止这一契约不能仅仅通过契约各方的同意,而是还需要契约各方对之具有义务的第三方的同意。这就意味着,一旦人们同意盟约,他们的同意便不足以废除盟约(因为需要一致同意,他们也不太可能同意),相反,他们还必须征得主权者本人的同意。在《论公民》中,霍布斯把这个赞成第三方的契约解释为这种结合的成员之间相互缔约的结果。这一契约的内容是把每一个个体的权利转移到一个人身上,随后把所有的这些权利授予所有人都同意的那个人。霍布斯解释说,我们即可由此推出,主权权力取决于公民的双重义务;一方面的义务是对其他公民的,另一方面的义务是对主权者的。因此,"无论多少公民都不能合法地剥夺统治者的权力,除非统治者自己同意如此"(《论公民》,第六章,第 20 节,第 92 页)。

在《利维坦》中,霍布斯对这一观点作出了一个更为简单、可能也是更为有效的表述。这里,他指出,由于盟约是臣民间的信约,因而违背臣民和主权者之间的契约是不可能发生的,因为他们之间并无契约。霍布斯在这里进而讲了一个根本性的观点,它澄清了为什么主张在臣民和主权者之间从未发生、也不会发生契约是合理的。我们可以考虑两个假设:第一个假设是,这一契约发生在主权者和作为人民的臣民之间。不过,[52]这是不可能的,因为臣民在他们集合为议会之前不是人民;如果在他们集合为议会之前就是人民的话,那么他们自身就是国家了。第二个假设是,契约发生在主权者与每一个臣民之间。如果这是可能的话,那么契约一经签署,即告无效,"因为不论任何行为,如果能被其中的任何一个人声称是破坏信约的行为的话,这一行为便既是他自己的行为,也是所有其他人的行为。其原因是:这行为是代表他们每一个人的人格,并根据他们每一个人的权利做出的"(《利维坦》,第十八章,第 114 页)。即便它是有效的,如果臣民谴责主权者的行为,那也不会有人会对这一争议做出裁决。

霍布斯想要达到这样一个结论:通过一个设立主权者之前的信约,把主权权力授予某人是全然无用的。因为主权者一旦设立,他就拥有了已经授予他的主权权力,因此也就没有义务去遵守之前的信约。那些想要使主权受制于它与臣民之间的契约的人,对于这一简单的真理缺乏理解:"信约本身只是空洞的言辞,除了从公众的武力中得到力量外,就没有任何力量来约束、遏制、强制或保护任何人;所谓从公众的武力中得到的力量,指的是从具有主权的一个人或一群人组成的不受束缚的集体的手中取得力量。"(《利维坦》,第十八章,第 115 页)(然而,这一点却是正确的:只有臣民之间才会相互约束。)

强调这一理论的保守的以及——在其写作年代——反革命的功用是肤浅的。与当时的时代斗争更为直接相关的是,这种在《利维坦》中也表达出来的类似观点:臣民既不能废除主权者(也就是毁灭国家),甚至也不能改变政府的形式(即把君主制变成共和制)。在这里,霍布斯也像通常一样提供了一个法律上的论证:"已经按约建立一个国家的人,因此而受信约束缚,必须承认某一个人的行为与判断,按照法律来说,不得到这人的允许,便不能在自己之间订立新信约,在任何事物方面服从任何另一个人"(《利维坦》,第十八章,第 113 页)。霍布斯在阐述这一[53]观点,并同那些"自称……与上帝,而不是与人建立了一个新信约"的人争论时,清楚地提及了革命中的各个党派。与上帝的信约只是一个谎言,因为在人之外不存在契约。充其量也只能说,可能存在与神和人之间的中间人的信约,这些中间人实际上就是主权者。

十、主权是绝对的

通过坚持主权权力是不可废止的,霍布斯反对信托理论①(洛

---

① 英译者注:霍布斯称之为"授权"(commission),洛克则称之为"信托"(trust)。

克等人则诉诸这一理论)。当他在不受法律约束(legibus solutus)的严格意义上坚持"主权权力是绝对的"的时候,对各种主张限制国家权力的众说纷纭的理论提出了反驳。这些在霍布斯前后支配着英格兰的理论,乃是被称为"立宪主义"的政治思潮的源头。尽管最近有人仁慈地把霍布斯解释为自由主义者,但是立宪主义者们一直都认为霍布斯是他们的主要对手。霍布斯一再声称主权权力是人类能授予他人的最大权力。这一权力的重要性在于这样一个事实,即它的拥有者行使这种权力是不受任何外在限制的:他的权力是绝对的。在自然状态中没有臣民和主权者。更准确地说,每一个个体是臣民,还是主权者,都要根据其偶然所处的情境而定。在法律上,一个人可能在某一时刻是最有权力的主权者,但在事实上却是最为悲惨的臣民。在盟约订立之后的公民社会,主权者就是主权者,臣民就是臣民。主权者之所以是主权者,是因为由于只有他才享有在信约订立之前每个人都享有的对一切事物的权利,因而他始终都是主权者,绝不是臣民。他之所以始终都是主权者,绝不是臣民,是因为他的权力是绝对的。如果某个其他人能够限制他,那么主权者就是这个"其他人",而不是"他"。

[54]反绝对主义理论运用各种论证坚持对国家权力的限制。霍布斯的著作是对那些论证的坚定而又迫切的回应。信约的形式本身提供了反对绝对主义的第一个论证。如果信约发生在作为全体(universitas)的人民和主权者之间,那么人民就能够使权力的转移发生于主权者遵守确定的义务的条件下。正如我们所看到的,在这种情形下,霍布斯否定了在人民和主权者之间存在契约的假定。在主权权力建立起来之前,没有人民,只有大众,一群孤立的个体。如果人民要从大众中产生出来,那么大众就必须决定脱离自然状态。通过把主权权力授予由自然人组成的或者代表他们的议会(人民议会),而不是授予一个自然人,即可做到这一点。但是,在这种情况下,人民本身就是主权者。作为主权者,人民不能

自己剥夺自己的权利，它的权力像君主的权力一样绝对。如果非要说在人民和主权者之间存在信约的话，那也仅仅是一种在主权的拥有者和受委托执行主权事务的人或者人们之间的信约。但是，这种契约与产生公民社会的盟约没有任何关联。

　　第二个反对绝对主义的论证出自信约的内容，它独立于其形式。无论信约各方是什么人，主权权力可能或多或少地依赖于作为转移对象的自然权利的数量和质量。有限主权的支持者认为这一转移只是部分转移。"人在自然状态下的一些权利是不可转让的"的看法逐渐盛行起来。因此，无论这些权利的转移是如何发生的，在法律上都是无效的。相反，霍布斯则认为人们几乎转移了他们所有的权利。为了公民社会的形成，每一个个体必须放弃他对一切事物的权利，包括实现这种权利所必需的力量（power）。既然他放弃了对一切事物的权利，那么成为国家成员的个体就只保留了保全自己[55]生命的权利。"对生命的权利不可放弃"推自霍布斯体系的逻辑。既然众多个体建构国家是为了摆脱对死亡的持久威胁（死亡的持久威胁是自然状态的标志），也就是为了保全自己的生命，那么，如果主权者危及他们的生命，人们就必然认为他们自己摆脱了服从主权者的义务。

　　可以说，《利维坦》第二十一章包含了霍布斯的国家中公民所享有的自由权利的列表。在这些权利中，最重要的权利表述如下："如果主权者命令某人（其判决虽然是合乎正义的）把自己杀死、杀伤、弄成残废或对攻击他的人不予抵抗，或命令他绝饮食、断呼吸、摒医药或放弃任何其他不用就不能存活下去的东西，这人就有自由不服从"（第142页）。臣民因法律的沉默（*silentium legis*）所享有的自由，仅为事实上的自由。这些自由可以增减，甚至还可以被压制，"这要看主权者认为怎样最有利而定"（第二十一章，第143页）。它们并不意味着对主权者无限权力的削弱，因为"主权代表人不论在什么口实之下，对臣民所做的事情没有一件可以确切地被称为不义或侵害的;因为每一个臣民都是主权者每一行为的授权人"(第二十一章,第139页)。

反对绝对主义的这两个论证与政治权力的契约理论有关。经典作家们用来支持限制主权权力的论证并不依赖于这些理论,因此也就更为普遍。这种论证建立在这样的原则之上:政治权力无论掌握在谁的手里,都要从属于法(jus),或者更为准确地说,都要从属于法律(客观法)。根据布莱克顿(Bracton)的经典论述"国王不应在任何人之下,但应在上帝和法律之下,因为法律创设了国王",①这一原则为英格兰宪法理论提供了道德基础。霍布斯以"无人能强迫自己"的古老论证,立马抛弃了[56]主权者服从实定法(即民约法)的论点。"主权者有权制定和废除法律,如果他愿意的话,就可以解除这种服从义务"(《论公民》,第六章,第14节,第83页;《利维坦》,第二十六章,第173页)。由于民约法是由主权者颁布的,因而如果主权者服从民约法的话,就会对他自己施加义务。但是,还有一个更为严重的问题:除了民约法之外,就没有其他法律了吗?任何想要为"主权权力是无限制的"这一原则辩护的人,都必须处理国家的普通法,也要处理自然法。普通法是经由习俗传承下来并由法官加以适用的法律。(律师也认为普通法高于国王和议会颁布的法律。)霍布斯是从爱德华·柯克爵士开始的普通法拥护者们的一个公开而又猛烈的对手。在他晚年时,霍布斯写了《一位哲学家与一位英格兰普通法学者之间的对话》来反对柯克。在该书中,他坚持认为,因为只有国王才能实施法律,因此,除了国王颁布的法律之外,别无其他法律。而在《原理》中列举法律渊源的时候,除了主权者明示或默示的意志之外,霍布斯就已经不

---

① 布莱克顿(H. Bracton),《英格兰的法律与习俗》(*On the Laws and Customs of England*),斯翁(S. E. Throne)译,2卷本,剑桥:贝尔纳普(Belknap)出版社,1968年,第二卷,第33页。

接受任何其他的法律渊源了："习俗本身并不构成法律"(《原理》,
第二部分,第十章,第 10 节,第 151 页;《论公民》,第十四章,第 15
节;《利维坦》,第二十六章,第 174 页)。

十一、民约法

对于霍布斯是否为自然法问题提供了解答,以及这个解答会
是什么,学者们争论激烈,而且这一争论也许没有尽头。事实上,
霍布斯经常重复主权者服从自然法(和神法)的观点。但是,正如
我们在第七节所见,自然法是审慎的规则或技术性规范。对这些
规范的遵守,依赖于一个人在给定条件下对追求其目的的可能性
的判断。只有主权者才能在他与其他共同生活在自然状态中的主
权者的关系中,以及在他与对之并无[57]任何信约约束的臣民的
关系中,做出这种判断。他对任何人(无论是其他主权者,还是他
自己的臣民)都没有遵守正当理性的命令的外在义务。(我们要记
住,自然法仅在良心中进行强制。)这样一来,正当理性的命令在事
实上并不限制主权者的权力。

一方面,众多个体建构国家的目的在于安全,这是真的。霍布
斯通过安全意指的是人类遵守自然法而无需害怕损失的状态。因
此,个体授予主权者所需要的把自然法转化为实在法——也就是
民约法——的一切权力,就是真的。这样看来,其主要任务就是执
行自然法的主权者也应当服从它们。但是,另一方面,通过颁布规
范来确定什么是正义,什么是不义,是主权者的事情,并且只是主
权者的事情,这也是真的。结果是,一旦国家建立起来,对于臣民
而言,在民约法之外就不存在任何判断正义与不义的标准。

霍布斯在很多段落中再三宣称这一思想。这使霍布斯的道德
理论成为伦理律法主义的一种最为大胆的(尽管不总是一贯的)的
表达。伦理律法主义认为,主权者(神也一样)并不命令正义的事

物(what is just)，而是认为，主权者命令的就是正当的(what is right)。"因此，制订对所有人都相同并向他们公布的规则或准则，就是主权者的义务。这样做是为了让每个人都知道他应该把什么称作自己的，什么称作别人的；把什么称作正义，什么称作不义；把什么称作荣誉，什么称作耻辱；把什么称作好，什么称作坏；总之，什么是他在社会生活中应该做的，什么是他不应该做的"(《论公民》，第六章，第 9 节，第 7 页)。① 或者："没有法律[58]可能是不正义的，由于每一个人通过同意制定他有义务去遵守的法律，所以这种法律必然是正义的，除非一个人可能对他自己不义"(《论自由与必然》，见《霍布斯英文著作集》，第四卷，第 252—253 页)。

可能有人会反对民约法规定了正义与不义的标准，因为它们不过是自然法的实施而已。人们经常以这种方式解释《利维坦》的一个饱受争议的段落，在这个段落中，霍布斯说道："自然法与民约法相互包含，并且范围一致"(第二十六章，第 174 页)。在《论人》的一个段落中，他说："国家一旦建立起来，自然法就成为民约法的部分"(第十三章，第 9 节，第 117 页)。但是，人们可以这样来回答：

1. 在《论公民》的一些段落中，霍布斯坚持认为，确定自然法的内容是主权者的事情。这意味着主权者不仅负责自然法的实施，而且也负责确定自然法规定的[命令]："偷盗、谋

---

① 由于近年来学者们认为霍布斯是一个自然法理论家，因此，这里有必要引用霍布斯最为清晰地阐述他的伦理律法主义的另一段落："在政府产生之前，正义和不义并不存在，它们的本性仅与某种命令相关；每一行为就其自身的性质而言则是无关紧要的。行为是正义的，或者不义的，来自官员的法(right)。因此，合法的君主可以通过发布命令而使他们所命令的事成为正义的，通过发布禁令而使他们所禁止的事成为不义的"(《论公民》，第十二章，第 151 页)。

杀、奸淫和所有的背信,都是自然法所禁止的。但对一个公民来说,怎么才能叫偷盗、谋杀、奸淫或背信,这要由民约法而非自然法来决定"(《论公民》,第六章,第 16 节,第 85 页和第十四章,第 10 节;第十八章,第 10 节)。霍布斯为了说明这一陈述而引用的例子表明,认为主权者从属于自然法,并会违反它们的观点是不恰当的。("不是所有的杀人行为都叫谋杀,民约法禁止的行为,才叫谋杀。")

2. 即使我们承认主权者会违反自然法,"臣民必须服从主权者的所有命令,除非那些命令危及他们的生命"仍然是真的。臣民无保留的服从义务对应于主权者无限制的发布命令的权利。莫大的权力对应于"莫大的"(在《论公民》中被称为"纯粹的",第六章,第 13 节,第 82 页)服从。

[59]如果我们详细地分析(1)和(2)这两个论证,就建构主权权力是为了实施自然法的这一事实而言,我们很难看出它对主权者权力施加了什么切实有效的限制。更为准确地说,建构主权权力是为了把正当理性的命令转化为实在的法律。因为具体规定自然法的内容是主权者的事情,所以主权者发布的任何民约法都是合乎自然法的。尽管这一结论似乎看上去是荒谬的,但是霍布斯确实得出了这个结论。他坚持这一思想:"尽管自然法禁止偷盗、奸淫等等,但是,如果民约法命令我们侵犯其他事物,那么这一侵犯就不是偷盗、奸淫等等"。然后,他又宣称:"任何民约法,只要不亵渎上帝……都不可能违背自然法"(《论公民》,第十四章,第 10 节,第 190—191 页)。在这一点上,主权者的权力可能只会遇到一个有效的限制:臣民对他们认为不正义的命令的反对。但是,臣民也给他们自己施加了服从主权者的所有命令的义务。这样,尽管那一限制消失了,但主权权力事实上仍是没有限制的,无论是对自然法,还是对公民的权利而言。

我们能够在霍布斯对纯粹政体和败坏政体的传统区分的看法中证实这一点。他坚持认为这一区分是没有根据的。如果区分的标准是僭主比君主的权力更大，那么这种区分就是虚假的。"然而，首先，它们的差别并不在于僭主拥有更大的权力，因为并不能授予比主权者(the supreme)更大的权力；也不在于君主的权力受到限制，而僭主的权力是没有限制的，因为权力受到限制的就不是君主，而是对其进行限制的人的臣民"（《论公民》，第七章，第 3 节，第 94 页）。

在霍布斯的著作中完全没有滥用权力的理论。（至少在行使权力的僭主[tyrannus quoad exercitium]形象方面，滥用权力正是僭主的标志。）滥用权力在于超出了既定的限制。因此，在没有限制的地方，也就没有滥用。相反，促使臣民使自己从服从的责任中[60]摆脱出来的，就不是滥用权力，而是不使用权力，不是权力太大，而是权力太小。人们授予他人（或者一个政治人格）如此多的权力是出于安全的需要。如果主权者由于过失、软弱或无能而不能防止他的臣民重新堕入自然状态，那他就没有完成他的使命。如果臣民设立的主权者不能保护他们，他们就有权利寻找新的庇护者（《利维坦》，第二十一章，第 144 页）。这样，主权者的首要责任就是不要自己剥夺授予他的权力，也不要让他人剥夺他的这种权力（《利维坦》，第三十章，第 219 页）。这样，他必定不会逾越确实不存在的限制，也必定不会给自己施加必定不存在的限制，或者接受这种限制。

十二、主权是不可分割的

在第八节引用的国家定义中，霍布斯坚持认为主权必须被授予给一个人（人或议会）。正如卢梭所正确地指出的，霍布斯的根本问题是权力统一的问题。这是他的政治理论的首要原因和最终目的。"在所有的基督教作家之中,哲学家霍布斯是唯一能很好地看出这种弊病及其补救方法的人,他竟敢于提议把鹰的两个头重新结合在一起,并完全重建政治的统一;因为没有政治的统一,无论是国家,还是政府,都永远不会很好地组织起来。"①正如前面第二节所言,霍布斯出于如下两个动机而投身于政治研究:对诸种学说的厌恶和对导致国家解体的动乱的恐惧。要想避免无政府状态,主权就必须不仅是不可废止的和无限制的,而且是不可分割的。霍布斯尤其考虑了导致国家统一瓦解的原因,即主权权力各个部分之间的分裂以及世俗权力与属灵权力之间的分裂,并且同它们进行了不屈不挠的斗争。

在霍布斯的时代,权力分立理论的支持者[61]往往诉诸于古典混合政府理论。根据这一理论,最好的政体就是亚里士多德的三种政体——君主制、贵族制和民主制——的混合及调和。英国的公法理论家通常把英国描述为一个政治有机体,它由头(国王)和肢体(三个等级)所构成。支持议会特权而反对王权的理论家们往往诉诸于混合政府理论。在《原理》中,霍布斯已经对混合政府提供了精确的描述,在其中,"他们假定立法权操在某个大的民主会议手中,司法权处于另一个会议手中,而行政权则属于第三个议会,或是某个其他的人"(第二部分,第一章,第15节,第89页)。

霍布斯为了驳斥混合政府的功能在于保证其公民更大自由的论证,采用了一个典型的二难推理。如果国家的三个部分保持一致,它们的权力就会像一个人的权力一样是绝对的。如果它们产生分歧,那么国家将不复存在,无政府状态便接踵而来。这一反驳使他有机会重申:主权是不可分割的,"并且几种政体的表面混合,并不是事情本身的混合,而是我们不能找到应当服从何人的错误理解的混杂"(《原理》,第二部分,第一章,第16节,第90页;以及

---

① 《社会契约论》,第四卷,第八章,第180页。

《论公民》,第七章,第4节)。在《利维坦》中,他从理论驳斥转到历史例证,进而揭示了他的论战的真正靶子。"如果英格兰大部分人当初没有接受这种看法,将这些权力在国王、上院和下院之间加以分割,人民便绝不会分裂而陷入内战之中"(第十八章,第119页)。他在《论公民》中就已经间接提到了英国事件(第十二章,第5节)。在批评"主权权威可以分割"理论为煽动性理论时,除了其他人以外,霍布斯还提到了对主权权力进行划分以把战争与和平的权力交给一个人,"而把征税的权利交给别人,而不是他"(《论公民》,第十二章,第5节,第155—156页)的那些人。[62]由于这种分离,一些困境便随之产生。要么实际的权力掌握在那些支配财政的人的手中(在这种情形下,权力只是表面上分开的);要么权力实际上是分离的——在这种情形下,国家已然走在了解体的道路上,"因为,没有钱,既不能进行战争,也不能维持公共和平"(同上)。

霍布斯并不只是批评混合政府理论。他在《论公民》中分析和列举他称之为"正义之剑"和"战争之剑"的主权者的权力时,提出了不同的看法。他指出,如果双剑要出鞘,它们就必须属于同一人。因为"唯一能够正当地迫使公民武装起来并不惜付出战争代价的人就是有权利惩罚任何不遵命的人"(《论公民》,第六章,第7节,第76页)。似乎这还不够,持剑之人还必须手持天平。因为惩罚的权力是以判断是非的权力为前提的。接着,霍布斯把立法权列为主权权力之一。这样,他就把三个传统的国家权力:行政权(两剑)、司法权和立法权,统一到了同一个人身上。在《原理》中,论及立法权时,他这样评论道:"立法权必须正当地属于拥有剑强迫人们遵守法律的权力的人;因为否则的话,这些立法即属徒劳"(第二部分,第一章,第10节,第87页)。霍布斯想要通过他的各种权力都属于主权者的分析,表明这些权力是如此地相互依存,以至于它们只能属于一个人。行政权是合法地使用物质力量反对内外之敌的权力。这是主权自身的标志,它以判断是非的权力(司法权力)为前提。司法权的前提是存在着既定的指导判决作出的普遍标准,也就是民约法。反过来,如果法律要成为规范人们行为的真正有效的规范,而不只是空言(*flatus vocis*)的话,立法权就要以行政权为前提。这样,这一圆圈就闭合了。

十三、教会与国家

[63]霍布斯在谴责"至上权威可以分割"的理论为煽动性理论时,援用了两个例子:分权学说以及另一些分割国家权力的人的观点,以至于"有人对国家权力进行分割,从而在影响和平与此世利益的事上把主权授予世俗权威,而在关系到灵魂得救的事上,将主权让与其他人"(《论公民》,第十二章,第5节,第155—156页)。由此可知,霍布斯为何对这种解决教会与国家间的关系问题的方式做出了否定的判断,就是显而易见的了。在公民必须服从不同于民约法的戒律的国度里,可能会发生导致他们不服从民约法的情况。"公民因为受永恒折磨的威胁而不再服从他们的君主,不再服从法律或正义,难道还有比这对国家更为危险的吗?"(同上)

对于霍布斯这个认为权力不可分割是国家解体的唯一救治方案的人而言,国家解体的最为严重的原因在于,在国家之外还存在一个甚至反对国家的权力,这个权力即使不像有些人认为的那样,高于国家的权力的话,那也与国家的权力一样大。如果这种权力要求人们服从它的法律,并且由于人们害怕神的赏罚应当甚于世俗的赏罚,而主张人们要把对它的法律的服从置于对民约法的服从之前的话,那么这种危险就会尤其紧迫。霍布斯是英国内战(它也是一场宗教战争)的一个心怀恐惧的旁观者。在服从神的意志和遵守对纯粹世俗权威充满敌意的宗教当局的命令的名义或借口下,人们进行着反对政治权力的斗争。尽管宗教普世主义已经破产,但没有一个教会会放弃罗马教会是神的律法的唯一权威解释者并且因此而高于国家的主张。不管是[64]重组的国教教会、英国圣公会，还是不信奉国教的新教教派，都不会放弃这种主张。霍布斯憎恶所有这些人，认为他们是公民不服从的不负责任而又狂热的蛊惑家。他在《利维坦》第四十三章开头写道："在基督教体系国家中，引起叛乱和内战最常见的借口，长期以来，一直是当上帝和人的命令互相冲突时，两边同时服从的困难；这一困难迄今尚未完全解决"（第384页）。

在霍布斯的政治著作中，用于解决这一问题的篇幅越来越大：《原理》的两章，《论公民》中以"宗教"（Religio）为题的第三部分，《利维坦》四部分中的两个部分（也就是《利维坦》的一半篇幅），即分别题为"论基督教体系的国家"和"论黑暗的王国"的两个部分。由于这一问题提出了最大的难题，霍布斯运用他所有的敏锐天才，对它进行攻击。他通过一个典范性的《圣经》解释（这一解释的倾向也是典范性的），并且通过对他自己的原则（尤其是人需要一个能够阻止人们回到自然状态的足够强大的权力的原则）的持续、一贯的援引，对这个问题进行了系统阐述。霍布斯的策略旨在证明他最终的论点是一个三段论的严密结论。

霍布斯根据《圣经》确立了两个基本要点。首先，他阐述了一个关于基督教的反教条主义的解释，根据这一解释，一个人作为基督徒，所有他必须相信的就是：耶稣就是上帝的儿子，就是基督。这一简化厘清了大部分神学争论的范围，由此消除了更为常见和隐蔽的反对原因。其次，他主张上帝的王国不在这个世界，基督来到人间只是为了教导、布道，而不是命令。耶稣把发布命令或颁布我们应当服从的法律的权力交给了政治权威。这样，即使《新约》的诫命都没有变成法律，而仅仅是帮助罪人获得救赎的劝告，除非这个世界上的掌权者将它们[65]作为民约法强加于人。在《论公民》中，霍布斯尖锐地指出："此外，我们的救主除了自然法以外，即除了吩咐公民服从之外，没有颁布任何有关国家统治的原则"（第

十七章,第 11 节,第 267 页;亦见《利维坦》,第四十二章,第 343
页)。如前所述,自然法根本就不能限制主权权力。因为,国家一
旦建立起来,除了主权者认可并将其转变为民约法的自然法之外,
就没有其他的自然法。下面这段话证实了这一点:"因此,我们可
以断定,对自然法的解释,不管是民法,还是神法,凡是在上帝只通
过自然进行统治的地方,都得依靠国家的权威,即在该国获准行使
主权的某个人或机构的权威"(《论公民》,第十五章,第 17 节,第
222 页)。此外,在刚才引用的这一段中,霍布斯作出了一个更加
令人信服的陈述:他认为自然法可以被总结到服从国家的命令中。
他在《论公民》第十四章第 10 节"论法律与违法"中,第一次表述并
明确说明了这一陈述。(既然霍布斯没有在《利维坦》中坚持这一
观点,我们在把它接受为他对这一观点的明确思想方面应当要谨
慎一些。)"由于禁止破坏信约的自然法,自然法命令我们遵守所有
的民约法。"从字面上来理解,这一主张甚至会消除对自然法与民
约法进行对比的可能性。

在表明了没有不同于政治权力的祭司权力,并且重申了权力
只有在不可分割的条件下才具有效应之后,霍布斯甚至就不需要
否认世俗领域与属灵领域之间的区别了。他已经创造了条件,使
他能够否定这两个领域之间的区分与两种权力之间的区分的对应
关系。决定属灵事物的权力排他地从属于国家。他解释说:"区分
什么是灵魂的,什么是现世的,便是个属于现世权威的推理问题"
(《论公民》,第十七章,第 14 节,第 27 页)。关于授权给谁召集信
徒会议(真正说来,教会就在于信徒会议)的问题,霍布斯的回答
是,[66]信徒会议(即教会)只有在首先成为一个政治人格(civil
person)时才可以进行商议。教会要成为政治人格,就必须合法地
召集。如果必须合法地召集,那么召集者就必须是有权强迫甚至
是不服从者参加的人。然而,这个人只能是主权者。这样一来,在
国家中,除了国家承认(或者强加)的教会外,不存在任何其他教

会。因此，就不存在教会与国家的分离。甚至，国家与教会乃是同一事物。霍布斯说，它们是同一事物的"两个名称"，"称为国家的，是由人组成的；称为教会的，是由基督徒组成的"（《论公民》，第十七章，第21节，第278页）。这样，建立在"主权权力要么是一个，要么就不是主权权力"这一假设之上的霍布斯的主权权力不可分割的理论，就以把教会化为国家的一个机构，并且毫无保留地建立起一个国家宗教而结束。

十四、霍布斯与他的评论者

霍布斯在他的三部主要政治著作中，用了一些更具论战性的篇幅，去谴责那些危及拯救国家的理论。但是，对于臣民的拯救来说，他命定要被他同时代的人作为曾经提出过的最危险理论的作者挑出来。霍布斯认为，建制良好的国家应该禁止那些危及国家的理论，接受并公开讲授他自己的理论。但是，他谴责的那些理论依然继续传播，并且彼此自由斗争，而他自己的理论却是唯一受到痛斥的理论，以至于只要有人提到它，就会是一桩丑闻。人们认为，他设想的国家理论是利用自由主义者所倾心的论证，去讨保守派的欢心。保守派和自由派双方都与他进行激烈斗争：保守派是因为他运用《圣经》时处之淡然的态度，自由派则是因为他的结论与立宪政府的原则背道而驰。

[67]霍布斯像传统主义者那样是一个威权政府的支持者，同时又像革新者那样是一个契约论的拥护者。前者拒斥他，说他是非宗教的；后者拒斥他，说他是一个绝对主义者。他的清晰甚至鲁莽的理性主义使他与绝对主义者在同一条战线上战斗。但是，双方由于害怕妥协而拒绝结盟。同时，立宪主义者为了驳斥他而不得不诉诸英国君主制传统。霍布斯的利维坦是建立在中世纪的废墟之上的巨大的近代国家，这是他的同时代人所不能理解的。他

们认为霍布斯是一个怀疑论者、一个犬儒派，甚至是对宗教持自由态度的思想家，然而，他首先是一个大胆的中立观察家。他是一个旁观者，重大事件的起源使他个人感到惊悚，但是并未影响到他的哲学。他试图理解这一重大事件的原因和目的。他确信自己所构建的大厦就像几何学一般精确，以至于他像后来的黑格尔一样，将描述表现为辩护，将现实的东西表现为合理的东西，将存在的东西表现为应当存在的东西。就像嘲笑那些认为自己的欲望就是现实的所有现实主义者一样，霍布斯也像黑格尔一样，误以为最残酷的现实就是最可欲的东西。

霍布斯受困于激烈斗争时代中的权力统一问题。因此，他就不会承认冲突有时也会带来好处。他认为，每一个冲突，甚至是理想层面的冲突，都是解体和死亡的原因；最小的争端，都是毁掉国家的不和的种子；种种意见，都是激情的标志，国家必须严加管束，以免失去控制。霍布斯将煽动者们激起的各方谴责为（政治上的）党派，把少数持不同政见的团体斥之为由夸大其词的鼓吹者所操纵的无知之徒的派系。他认为他已经为理性人士建构了唯一理性的理论。因此，他憎恶党派领袖，因为他们运用诉诸情感而不是理性的雄辩，他憎恶宗教领袖，因为他们运用宗教灵感，赞美对不可见的事物的信仰而损害经验。霍布斯认为只有主权者的权威才能够疗治无政府状态，只有[68]整体的、不可分割的权力才能拯救自身已然分裂的国家。对于一个不再相信通过教会获得救赎的人，除了通过政治社会获得拯救外，别无他途。"总之，在国家之外，是激情、战争、恐惧、贫穷、龌龊、孤独、野蛮、无知和残暴的王国；而在国家之中，是理性、和平、安全、富足、体面、交往、高雅、科学和仁慈的王国"（《论公民》，第十章，第 1 节，第 127 页）。

霍布斯的人学悲观主义使他不能够相信人类可以自我拯救。但是，他的彻底的世俗主义引导他为拯救问题寻求一种不同于教会教导的解决方案。霍布斯与奥古斯丁－路德的国家观一致，认为国家是对人的堕落本性的疗治。但是，它的国家版本是世俗的。人类必须离开的堕落状态并不是原罪状态（霍布斯不相信原罪状态），而是自然激情的状态。哲学的任务就是对这些激情进行描述和分类，如同我们对身体各部分进行描述和分类一样。因此，国家不是对原罪的疗治，而是规训激情的手段。作为一个明智的理性主义者，霍布斯认为堕落源自无知而非残酷，狂热而非怨恨，神秘的赞美而非残忍，愚蠢而非邪恶。而作为一个温和的理性主义着，一个有助于沉思和知识发展的和平的热爱者，霍布斯认为万恶的首要原因就是权力欲，以及对获得权力的每一种手段（尤其是对财富和名誉）的欲望。

霍布斯相信，统一的权力是对（分散的）全部权力的唯一疗治。除了建构一个巨大的权力去消灭众多细小权力以外，他不相信人的理性能够发明出解决这个权力欲问题的其他方案。统一的权力必须足够强大，以至于所有细小权力的总和都不能与之匹敌。一言以蔽之，那一权力是不可抵抗的。如果说拯救的秘密在于建构一个不可抵抗的权力，那么这一权力操在一人之手就要比操在多人手中好得多。在讨论三种[69]政府形式时，霍布斯提出了一些表明君主制要比民主制和贵族制优越的论证（如他在《论公民》前言中所言，这些论证是说服性的，而非论证性的）。他认为，除了其他事情以外，如果存在权力过度的话，那么一个（统一的）权力的过度就比不上多个（分散的）权力的过度那么使人害怕。尼禄的罪行不能归于君主制的本质，但"在存在大众支配的地方，可能尼禄的数量多得像蛊惑人民的演说家的数量一样"（《论公民》，第十章，第 7 节，第 133 页）。由于霍布斯本人没有参加过权力的角逐，他个人会觉得在权力越是集中的地方，受到的保护就越多。可以说，下面这段话讲的就是他自己："因此，在君主制中，无论统治者的性格是怎样的，任何一个想要安静度日的人都是可以免于危险的。只有贪欲会带来危险，而没有贪欲就不会被强权者不公地对待"（同上）。

十五、解释霍布斯

政治上,霍布斯是一个保守主义者。他根本就不像极权主义在欧洲出现时有些人所描述的那样(例如,维拉托克[Vialatoux]就这样认为,卡皮塔特[Rene Capitant]甚至在当时就反驳他),是极权主义国家的先驱。霍布斯的国家除了它的名字"利维坦"之外,根本就不是像卡尔·施密特所言的那种怪物。在那个机械论宇宙观占主导地位的时代,它只是一台巨大的机器,机器中的机器(*machina machinarum*)。要达到国家总体观念,我们必须穿过德国观念论者的人民有机体观念。极权主义国家的哲学前提是黑格尔的"伦理总体",而不是霍布斯的"政治人格(*persona civilis*)"。对霍布斯而言,在国家之前,只有大众,根本就不存在人民(people),更不要说一个人民共同体(*Volksgemeinschaft*)了。霍布斯的国家是建立在众多孤立、分散的个体间相互订立的信约的基础之上的,因此它更像是一个联合,而非一个共同体。霍布斯也像黑格尔一样,称国家为"有朽的上帝"(《利维坦》第十九章,第122页)。但是,他们的区别在于这样一个事实,即黑格尔的上帝是泛神论的,而霍布斯的上帝则是有神论的。

霍布斯是一个保守主义者,而不是一个极权主义者。然而,他[70]并不像近年来一些人所认为的那样,是一个自由主义作家,或者自由主义思想的先驱。这些人试图回应霍布斯作为一个该死的哲学家的形象。(如卡尔·施密特、迈克尔·奥克肖特和卡塔内奥[Mario Cattaneo]这些各不相同的学者均持这一解释。)在霍布斯的思想中确实有一些典型的自由主义特征。他承认,在极端情形下(当个体自己的生命受到威胁时),个体有抵抗命令的权利。他珍视司法中的合法性原则。他希望法律是确定的;他更倾向于用少数清楚、简单的法律进行统治的政府,而非规范繁多、混乱的政府。他相信温和的经济自由有益于国家福利，并认为主权者有责任授予公民无害的自由。但是，他为之而斗争的理想是权威，而非自由。

霍布斯在过度的自由和过度的权威之间进行选择时，从未有过半点犹豫。他害怕前者并视之为至恶；他屈从于后者，认为它是较小的恶。无论评论家们如何言说，对自由的不信任乃是霍布斯建立整个体系的基础："当公民个人（即臣民）要求自由时，他们以自由之名所要求的并不是自由，而是支配"（《论公民》，第十章，第8节，第135页）。完全自由的状态就是自然状态。公民社会产生的目的不是为了拯救个体的自由，而是为了把个体从使人走向毁灭的自由中拯救出来。霍布斯确实把自由看作是个体对于国家的自由，是借法律的沉默（*silentium legis*）而享有的自由。（霍布斯从未像黑格尔那样，敢说"真正的"自由就在于对法律的服从。）但是，这一来自国家的自由并非是每一个个体的权利。它是主权者的特许，它是大是小，端赖于掌权者的意志。

霍布斯不相信良心的自由。一旦进入国家，个体就放弃了他的个人良心；而只有一个公共的良心存在，并且主权者是它唯一的解释者。霍布斯也不承认思想[71]自由。他确信叛乱首先源自人们的头脑；因此，他认为主权者有权"决定谁的看法和主张对和平是有害的，并禁止它们的流传"（《论公民》，第六章，第11节，第79—80页），同时压制煽动性的理论，"不是通过命令，而是通过教导，将这些理论从公民的思想中根除掉"（《论公民》，第十三章，第9节，第171—172页）。霍布斯并未发掘古代人的自由，[①]但是，在他的著作中也没有任何东西引导我们相信他想要宣告现代人的自由。

尽管人们（首先是麦克弗森）坚持不懈地一再把霍布斯解释为

---

① 霍布斯谈论雅典民主只是为了表明它的缺陷。

新兴资产阶级的理论家,但霍布斯确实是一个保守主义者。他并没有感觉到自己与新兴资产阶级在实质上、情感上和意识形态上有什么关联。他服务于英国贵族大家族,过着博学之士的生活。他从未试图从事不同的经济活动。并且,他也不像洛克,从未对经济问题的研究产生过什么兴趣。(霍布斯在他的著作中几乎是忽略经济问题的。)正如(凯斯·托马斯[Keith Thomas]在反对麦克弗森的论争中)已经看到的,霍布斯是崇尚如勇气这样的贵族德性的;他颂扬罕见的"天生慷慨人士",只有他们才不是出于畏惧而尊重法律的(《利维坦》,第二十七章,第 195 页)。在他所列举的导致冲突的主要原因中,除了利益争斗之外,还有猜疑和虚荣,猜疑和虚荣使人为了捍卫自己的荣誉而互相作对。霍布斯一再强调威望或荣誉的问题对于滋生敌意与不和的重大影响。在他想要将人类与动物区分开来时,他说,人类"不断竞求荣誉和地位,而动物则不然"(《利维坦》,第十七章,第 111 页)。

资产阶级精神的真正标志在于它对私有财产权的判断。洛克把私有财产权提到自然权利的高度,认为国家是想要保护自己财富的有产者的联合。相反,霍布斯并未承认私有财产权是一种自然[72]权利。(在自然状态中,"我的"和"你的"的区分还不存在。)他坚持认为财产权形成于国家产生之后;主权者是唯一的所有权人,与什么是正义、什么是不正义一同确定什么属于这个人、什么属于另一个人,取决于主权者。由于财产只属于主权者,"主权者愿意你的支配权和你的财产持续多长,它们就持续多长"(《论公民》,第十二章,第 7 节,第 157 页),因此霍布斯把授予每一个公民对其占有的绝对所有权的理论纳入到那些煽动性的理论之中。

与资产阶级一同胜利的生活观念会是竞争性和对抗性的。正如上节所言,霍布斯只看到了冲突的消极方面。他想象一个国家能够通过实施绝对权威(臣民经由社会契约,同意这一绝对权威)消除意见分歧。他坚持一种静态的而非动态的社会观念。他认为,国家所要实现的至善,既非通过冲突达到的进步,亦非孔德的通过秩序的进步思想,而是纯粹而又简单的秩序。一个正在崛起的阶级有平等主义倾向。像所有的保守主义者那样,霍布斯坚持社会只能建立在不平等——首先是在主权者和他的臣民、有权发布命令的人和只有服从义务的人之间的根本的无法避免的不平等——的基础之上的信念。人生而平等,但是,如果他们想要生存,就必然变得不平等。换言之,平等源于自然,不平等则出于约定;但是,为理性之人而设计的理性国家是建立在约定的基础之上的。

我们很难找到一个比霍布斯更好地揭示了保守主义精神的本质特征的政治思想家:政治现实主义、人学悲观主义以及基于反对冲突的非平等主义的社会观念。此外,我们还可以指出,霍布斯的历史观既不是进化论的,也不是辩证的,而是循环的。历史永远单调地运行在无政府状态和公民社会之间。现在,历史被比希莫特所撕裂,然后[73]又被利维坦恢复统一,进而又被撕裂,就这样无止境地循环往复。甚至在他允许自己希望和平会在内战之后恢复,权力再次统一之时,也预言这一新秩序只能持续到过去的苦痛被遗忘之时。对此,他补充道:"除非庸民受到了比以往更好的教导"(《利维坦》,第十八章,第119页)。然而,霍布斯恰恰不愿意相信庸民在未来会有更好的判断。

第三章 《论公民》导读

　　[74]如果要用一句话来概括霍布斯政治哲学的含义，我们会说，它是关于近代国家的第一个近代理论。这句话把霍布斯的[政治]哲学提高到了纯粹论辩性作品的水平之上。这句话如果放到霍布斯自己的时代来看，就会显得过于片面，而放到我们的时代来看，则又时代颠倒过于严重。同时，这句话也免除了对作为利维坦的伟大父亲的霍布斯的指控：霍布斯的意图是邪恶的。在所有时代，甚至在我们之前不久的时代，他都一直遭受这一指控。因此，这句话有助于今天的读者将注意力集中到霍布斯思想的基本原理上。霍布斯的思想具有格外的历史意义，近来被称赞为造就了"英语语言中最伟大的——也许是独一无二的——政治哲学杰作"。①

　　在其漫长而又血腥的斗争中，现代国家的目标就是实现统一。统一是一个解放与合并兼而有之的过程的成果：一方面，它是一个从渴望成为普世的教会的权威中解放出来的过程。因为教会是属灵的，因此它就宣称它自己要高于任何政治权力。另一方面，它又是一个合并[75]较小的公共机构、会社、社团和城镇的过程。在中

---

① 迈克尔·奥克肖特，《〈利维坦〉导读》，牛津：布莱克维尔（Basil Blackwell）出版社，1946年，第 viii 页。

世纪社会,这些公共机构、会社、社团和城镇乃是无政府状态的持
久渊薮。作为这两个过程的结果,近代国家的形成,也就与承认政
治权力应当高于任何其他人类领域的过程同时发生。这一绝对的
至上权威叫作主权。这一过程,在与解放过程的关系中,便意味着
独立;在与统一过程的关系中,它便意味着国家权力高于存在于特
定领土内的任何其他权利。这样,主权权力的这两个属性,即独立
性和绝对至上性,就反映了近代国家在两条战线上所作的斗争。
国家权力是原始性的,因为它不依赖于其他任何更高的权力;同
时,它又是不可分割的,因为任何低级的权力都不能分享国家的
权力。

　　托马斯·霍布斯是关于国家权力统一的最清楚、最重要、最坚
定、最敏锐而又最大胆的理论家。他的整个政治哲学只有一个论
争目标:驳倒那些妨碍实现国家统一的学说,不管它们是传统的还
是新颖的,是保守的还是革命的,是神启的还是魔魇的。他的唯一
目标就是想要令人信服地、如数学般严格地证明政治的统一契合
于最深层次的人性,由此,政治统一也就像自然规律一样绝对、必
然。霍布斯的政治哲学中渗透着这样一个根本信念:国家要么是
统一且不可分割的,要么它就什么都不是。人类只有两个选择:要
么承认这一信念是国家存在的最高原因,要么沉浸在永恒、普遍的
战争暴力中无法自拔。卢梭明确声称:"在所有的基督教作家之
中,哲学家霍布斯是唯一能很好地看出了这种弊病及其补救方法
的人,他竟敢于提议把鹰的两个头重新结合在一起,并完全重建政
治的统一;因为没有政治的统一,无论是国家,还是政府,就都永远
不会很好地组织起来。"①

　　霍布斯从接受教育到声名鹊起的那些岁月[76]适逢我们历史
上最大的宗教战争(三十年战争)年代。当时,权力的统一在整个

---

① 《社会契约论》,第四卷,第八章,第180页。

欧洲大陆都遭到威胁;在英格兰,这种统一受到的威胁一样严重,实际上已经毁灭。此时,从基督教普世主义的最初破产算起,也已经过了整整一个世纪。不管这种普世主义是如何地不确定、不稳固,它仍曾试图将混乱不堪、纷争不已的中世纪社会融为一个整体。在这个世纪中,此前文明世界一直都认为,有效的等级秩序受到了宗教改革的逐渐侵蚀。这种侵蚀要么以新的属灵权力的名义,要么以个人的自由权利的名义发生。新的、革命性的政治学说支持民主思想。这些学说驳倒了服从原则,颂扬反抗和反叛的权利,甚至到了为诛戮暴君进行辩护的地步。这些学说以与君主权力相对的人民的名义、以与根植于传统的权威相对的自然权利的名义如此行动。在从亨利四世被暗杀(1610 年)到威斯特伐利亚和约签订(1648 年)以及英国内战结束(1649 年)的这些年间,一场危机横扫了整个欧洲。亨利被杀激起了霍布斯的愤慨和恐惧,因为他在其中看到了煽动性理论的恶果。霍布斯本来是一名人文主义者和数学家,他潜心学问,喜欢徜徉在知识的海洋,1649 年的事件迫使他自愿在法国度过了长达十年的流亡生涯。这一权威危机使欧洲卷入了一场战争与无政府的混乱状态,并使公共权力的统一面临毁灭的危险。而无公共权力,即如卢梭在上面所引用的句子中所言,"无论是国家,还是政府,就都永远不会很好地组织起来"。

就霍布斯而言,国家统一的主要障碍体现在比如说罗马天主教会、民族性的新教教会或者较小的独立基督教联合会中的宗教权威的主张:它们合法地拥有一种比国家权力更高的权力。霍布斯在《利维坦》中说:"在基督教体系国家中,引起叛乱和内战最常见的借口,[77]长期以来一直是当上帝和人的命令相互冲突时,两面同时服从的困难;这一困难迄今尚未完全解决。"①当政治权力

---

① 《利维坦》,第四十三章,第 384 页。

的命令违背神的命令时,宗教权威便鼓励各种反抗前者的理论。这些理论根据不同的情况,分别主张被动的服从、不服从、撤销授权、废黜和诛戮暴君。除了自称由于直接受上帝的启示而是至高无上性的权力之外,还有哪个权力能够宣称主权者命令的正当性呢?基督教会和政治权力的区分本身就是不和的永恒根源。只有通过使宗教权威服从于政治权力,才能消除这一危险。

霍布斯的攻击不是直接反对任何一个具体的教会,而是没有差别地反对所有的教会,这仅仅因为它们宣称自己独立于国家。他反对在自身需要统一以求得生存的近代社会中存在像教会一样的宣扬并执行一种绝对的、因而是不可置疑的真理的机构。

霍布斯对罗马教会的攻击更为猛烈,因为它所宣称的普世主义使其所主张的至上权威更加恐怖。霍布斯就像每位启蒙运动的代表一样,判定罗马教会是无知的传播者和那些植根于异教迷信而与基督的讯息无关的迷信的根源。罗马教会凭借开除教籍的手段煽动叛乱。尽管它利用耶稣会会士广为人知的政治理论教唆追随者去暗杀国王们,但却宣称信奉一种过时的空洞哲学。霍布斯也同样反对在英格兰通过苏格兰的长老制而播下不和种子的威权主义的、野心勃勃的和不宽容的新教教会。在他老年时所写的充满激情的英国内战史中,他尖锐地反对狂热者,同时[78]为英国君主制进行某种辩护,指控新教要为祖国所遭受的灾难负责。

霍布斯对英国国教会的评价更为审慎,并且表现出一些犹豫。但是,即便是在这种情况下,由于英国国教徒不放弃主教的神圣授职权原则,霍布斯也掩饰不住对他们的反感,对此,英国国教的圣职人员也报以同样的反感,以至于在《论公民》出版后,他失去了宫廷的宠信。但是,霍布斯坚定地坚持"任何形式的教会权力都要依赖于国王"的原则。他唯一不那么确定的是,是否应该接受主教在教会等级制度中的首屈一指的地位,因为《圣经》似乎支持这一点。

最后是作为独立派成员的清教徒,他们认为教会是一个没有等级制度和仪式的自发社团。这些清教徒相信他们直接受到上帝的启示，四处宣扬宗教是私人事务，而非公共事务，是良心的问题，而非服从的问题。对霍布斯来说，他们的问题不在于神秘主义者与走火入魔之徒、自由的使徒与狂热分子鱼龙混杂。在他看来，所有这些自由宗教的传教士绝不亚于危险的疯子。这些传教士们以通过谁也不知道的某种超自然方式学到的所谓神圣的道的名义，评断甚至谴责他们的主权者的行为。他们假借自由之名煽动骚乱。他们通常都是心眼很坏的人，是江湖骗子和蛊惑人士，他们乞灵于上帝，只是为了能够更加轻而易举地激起沦为他们野心工具的那些人们的轻信。

霍布斯对官方教会(不管是罗马天主教会、加尔文教会，还是英国国教会)所持的反对立场，暴露了他的坚定的反教权主义以及对不妥协的、彻底的世俗主义的拥护。但是，霍布斯通过他反清教徒的论战，将其批评从作为外在事实的教会扩展到了作为内在体验的宗教上面。他远远超出了有关属灵事物法律(*jura circa sacra*)的争论之外，攻击到了涉及信仰本身先决条件的那些事物(*preambula fidei*)的真正核心。[79]霍布斯用近代科学家的态度(尽管这种态度因为他对人文主义文化的强烈吸收而得到了缓解)去对待宗教。霍布斯的态度是一种勇毅的公正，而非粗俗的不敬，更多的是不可知论的，而非破坏性的。它是十足的实用主义，而非彻底的否定。从理论的观点来看，宗教只是作为与创造性研究和证明性推理无关的东西而被撂在了一边。因此，我们不能有任何宗教的科学。相反，在实践中，只要宗教受到国家的规范、约束和控制，就会因其教育方面的价值而为人们所接受。因为只有国家才对其臣民的行为负责，因此才能对他们的行为进行处置。

霍布斯所强烈拒斥的是：宗教变成迷信、对上帝的崇拜变成偶像崇拜、信仰变成轻信。他拒斥对奇迹的粗俗信仰、对无知的极端利用以及煽动强烈的狂热主义。在霍布斯看来，所有这些宗教狂热的有害表现都是神职人员玩弄阴谋诡计的结果。因此,在他的宗教批判的最不恭敬的(这种不敬几近嘲讽)部分弥漫着的是反教权主义,而不是反基督教的情感。

霍布斯并未摧毁与基督教的全部纽带,而是在与自然宗教和有神论分别极微的反教条主义的基督教的先进立场中寻求庇护。霍布斯的基督教信仰是人文主义的,当时的博学之士以及那些相信牢固地扎根于人文主义文化土壤的普世宗教的和平功能的人们都珍视这种宗教。这种和平的基督教试图超越于各宗派之上。为实现这一目标,它必须逐一抛弃神学家们争论的那些主要教条。最后,这种基督教在摆脱了种种教条之后,就只剩下一条独一的赤裸裸的令人尴尬的信条:耶稣是基督、神子。这是只剩下一具骷髅的基督教,构成实定宗教的所有东西、教条、圣事和戒律都被清除得一干二净。由此可以理解,这种基督教信仰是很容易服从国家权力的。按照[80]霍布斯的观点,信仰基督确实非常简单。对于喜欢明晰的人来说,使这种信仰看起来变得复杂而令人厌烦的所有事情,都与该信仰的本质无关,相反,所有这些事情都是人类(尤其是神学家们)争论的、宗派的和自负的精神的产物,是肤浅的经院主义,而非深邃精神的表现。这样,冒充为关于宗教问题的所有争论都只不过是人们关于尘世问题(甚至是卑微的尘世问题)的纷争,也就不足为奇了。只有世间主权权力的拥有者才能解决这些纷争,难道这还有什么好奇怪的吗? 对于被剔除得只剩下骨头的宗教来说,在国家的法律秩序和权力之外,再无别的法律秩序和权力,乃是必然的事情。由此,霍布斯就为统一宗教权力与世俗权力的传统二分铺平了道路。他已经收集到了允许他确立权力统一的合理理由,唯有权力统一才能保证人与人之间的和平。

无疑,霍布斯主要关注(而非沉迷)的是以一种解决教会与国家之间关系问题的方式构筑他的可能的理论。他在《论公民》中花了超过三分之一的篇幅、在《利维坦》中花了大约一半的篇幅讨论这一问题。人们都说,霍布斯主要的政治著作就像斯宾诺莎的政治著作一样,是一部神学-政治论,而非一部政治学论著。事实上,霍布斯为了解决教会与国家之间的关系问题,不仅运用了他使我们习惯了的理性论证,而且还投身到对《圣经》的解释和宗教论战中。通过这些解释和论战,他对基督教信息的意义给出了他自己的个人观点。

霍布斯的《圣经》分析的基本观点是,基督的统治不在这个世界。基督来到这个世界不是为了命令,而是为了传道与教导。因此,也就不存在一个宣称代表了基督的世间统治的权威的理由,因为这一统治是无法实现的。同样,在教会法与国家法之间进行区分也是没有根据的。因为尘世除了世俗的权威外,不存在其他的权威,这样一来,[81]除了由政治主权者所强加和认可的法律之外,也就不存在任何其他的法律了。

教会,按它的词源来说,不过就是一些一起从事神圣崇拜活动的人的集会。在这种情形下,如果教会只是一个在国家以外的组织的话,那它就没有理由与生活在国家以内的其他社团不同,拥有自己的制度性秩序。这些其他的社团之所以具有法律人格,只是因为国家授予了它们这种人格。教会作为崇拜上帝的社团,是从属于国家权力之下的,国家权力具有召集它集会、任命其官员等等的权威。这样,霍布斯在面对国家与教会之间的关系问题时,就选择将这两者制度统一起来,直到它们融为一体。没有两个权力,只有一个权力:这就是国家。与在数世纪的古老争论中坚守阵地的那些二元论的观点相比,霍布斯的论点的优点在于它是如此的清晰,从而不容许有任何的误解。这一清晰性只能来源于一种坚硬不屈的逻辑,霍布斯利用这种逻辑作出罕见的独立判断,同样也让它服务于一种自豪的、甚至引起非议的道德上的勇毅。

然而,在英格兰还有另外一个导致混乱因而造成国家解体的原因:王权与议会之间的冲突。对此,霍布斯决非昧然不知。此时正当其他欧洲国家的权力开始集中于国王手中之际。由此,一种新的类型的国家开始形成,它建立在两个原则之上:1)君主不受法律约束(*legibus solutus*)和 2)国家是法律的唯一渊源。这两个原则都与中世纪的原则相对立。中世纪的原则确立了:一方面,君主要服从自然法;另一方面,那时也存在着许多彼此之间相互限制的法律秩序。然而,与欧洲大陆国家的宪法不同,英格兰宪法对王权转变为绝对国家设置了严密的障碍。

英格兰宪法是一个漫长而又缓慢的力图平衡中世纪社会的主要政治[82]势力——法院、大大小小的封建贵族和城市等级——的过程的最终结果。法学家们把至此为止已经变成传统的英格兰国家形象——一个由头脑(国王)和肢体(三个等级)构成的政治机体——传递了下来。在这一形象的基础上,16世纪的公法学家们把英国描述为一个混合政府;它是一个建立在分权原则基础之上的国家,这样,它就与由一个不可分割的权力构成的绝对君主制相对立。自17世纪起,掌握在詹姆斯一世(无论是在理论上,还是在实践上,詹姆斯一世都是绝对主义和君权神授的拥护者)手中的英国君主制一直试图将法式君主制引入英国,但是囿于当时的历史条件,这种企图激起了议会愈发坚决的反对。议会在重申它对中世纪宪法的忠诚及其对于废除封建特权的立场的时候,就为后来自由主义国家的形成提供了理由,并且也为之创造了前提。

我们说过,对王权的反对注定要在詹姆斯一世的继承人查理一世统治时期(1625—1649年)公开爆发出来。在查理一世的统治下,王室和议会争吵不断,矛盾越来越不可调和。王室不断地、而且不时还毫无技巧地特别是在宗教、财政和国际事务上主张那些与议会的要求相冲突的特权。这些争吵在保王党和议会党之间的英国内战(1642年)中达到顶点。英国内战的爆发威胁到了国家的存在,它向像霍布斯这样随和的和平主义者、敌视骚乱者和爱好秩序者表明，一个极度的无政府状态的时期开始了。在《利维坦》的一段话中，霍布斯最为直言不讳地指出了病症之所在，并且提出了救治的建议："如果英格兰绝大多数人当初没有接受那一意见，将这些权力在国王、上院和下院之间加以分割，人民便绝不会分裂而首先在政见不同的人之间发生内战[83]……这种情形使人们对于主权的这一特点获得了极大的教训，所以目前英国便很少有人看不到这些权力是不可分割的。"①

主权权力不可分割是霍布斯的定见（*idées fixes*）之一，也是霍布斯对其著作非常熟悉的首位最负盛名的绝对主义理论家让·博丹的思想支柱之一。② 博丹在他关于国家的不朽作品中用了一章的篇幅去驳斥混合政府。③ 但是，霍布斯攻击的主要目标是由于把征税的权力机构与有权决定战争与和平的机构分开而产生的分权。霍布斯明显是在影射英格兰的状况。在他看来，这种状况是不可容忍的；更为糟糕的是，它是矛盾的。通过一个两难推理（这是霍布斯最钟爱的引领读者同意的方式），霍布斯用极其简明的术语阐述了这一问题。要么国家权力实际上没有被分割，因为发布命令的人就是有权征税的人，在这种情形下，国家就不再是混合制国家，而是绝对国家。要么权力真的被分割了，在这种情形下，便没有了国家，而是国家的缺位，是无政府状态和内战。与反映了对国家进行外部限制的国家权力与宗教权力之间的区分相对，霍布斯确立了"主权权力只能有一个拥有者"的原则。同样地，通过反抗国家内部的分权学说，他确立了主权权力统一且不可分割的原则。这样，对霍布斯来说，国家统一问题就有两个方面：只应有一个唯一的权力来源，并且权力应该是内在统一起来的。

---

① 《利维坦》，第十八章，第119页。
② 霍布斯在《自然法与政治法原理》中引用博丹来支持权力不可分割的那些论点，见《自然法与政治法原理》，第二部分，第二部分，第八章，第7节，第137页。
③ 让·博丹，《共和国六书》，第一章，注释3；第二章，第1节。

但是,还有另外一个英国法律秩序所特有的限制主权权力的来源,并且这也是像[84]中世纪那样的多元主义社会的一个典型表达。这种宪法上的限制可以被表达为普通法超越于成文法之上的首要地位。普通法由通过习俗流传下来的那些规范组成,并由于具有最高司法管辖权的法院的承认和接受这一事实而具有法律效力。这种受到法律界人士普遍支持的普通法的首要地位显然削弱了主权者的立法权,并侵犯了作为绝对君主制之基础的"国王不受法律约束"(*princeps legibus solutus*)的原则。在英格兰法律秩序下,君主发现自己不仅受到自然法和神圣法的约束,而且还受到一个由事物的本性指示并受到法官认可的实定法体系的约束,而这是一个范围非常广泛且一直在演进的体系。对于热衷消除任何侵蚀主权者的至上权威的原因的霍布斯来说,这个问题自然难逃他的法眼:除了其政治著作中的那些暗示以外,他还写了整整一本书——《一位哲学家与一名英格兰普通法学者的对话》——来处理这个问题。①

这是霍布斯最鲜为人知的著作之一,但是它非常有趣,并最好地展示了霍布斯的逻辑风格。在这里,他像挥舞刀剑一样运用三段论,通过直接劈向问题的根部,将那些最混乱的问题化约到其最原始和最根本的核心。这部著作撰写于霍布斯晚年(约1666年),以一个法学家和哲学家之间的对话形式写成。它毫不客气地谴责爱德华·柯克爵士拥护的那种普通法超越于国王法律之上的学说。它基于严格的意志论法律观,宣称只有作为立法者的国王颁布的法律才是一国之内唯一有效的法律。这样,包括普通法在内的其他任何法律规范,只有在主权者默示或明白同意的条件下才

① 我主编了这部著作的第一个意大利译本,并出版于《论公民》的意大利语译本的第二版中,见托马斯·霍布斯,《政治著作集》(*Opere politiche*),都灵:"乌泰特"出版社,1959年,第1册,第393—558页。

是有效的。由此,霍布斯再次表明自己是一个反对传统主义的激进作家。他的激进主义也可能是极端理智主义的,从而将他与倾向于经验主义、尊重传统、爱好妥协的最纯正的[85]英格兰政治思想潮流区别开来。①

但是,当霍布斯集中关注英国的政治状况时,他在自己的理性主义心智、他的数学化的头脑和发现所有理性人都能接受的普遍有效的规律的驱使下,远远超出了英格兰传统的界限。他旨在概述一种作为一个理想型的国家概念模型,以消除危及历史上的国家存在的一切缺陷。他想要把这个理想国家作为历史现实的抽象模型,让所有国家都或快或慢地接受这些构成近代国家的基本原则的共同原则。这些独立于各国的政治定则(political formulas)的原则实质上有两个。第一个原则是政治统一的原则。这个原则通过统一那些低于或是高于国家的法律秩序而得到实现,最终只留下国家自身的法律秩序。第二个原则是司法统一的原则。这个原则通过统一规范的渊源而得到实现,最终只留下适用于组织起来的政治权力的唯一规范渊源,即国家法。经过仔细考查之后,我们就能看到,霍布斯利用他反对英格兰宪法的论战,表达了标志近代国家之特征的两大进程:通过消除教会与国家的二元主义以及国王与国会之间的对立而实现政治上的统一,通过宣称普通法规范要依赖于立法制定的法律而实现司法上的统一。

毫无疑问,这种看待国家的方式并不新颖。国家作为最高的法律体系的观念构成了在英格兰富有影响的博丹的政治著作的核心。此外,在法国形成和发展起来的并且在詹姆斯一世身上发现其在英格兰的主要支持者的君权神授理论乃是[86]国家统一与解

---

① 古奇(G. P. Gooch)把霍布斯界定为"我们的三个伟大政治思想家中的头一个、最有原创性的、最少英格兰气息的[此处强调为我所加]"(《霍布斯》,载《英国皇家学会会刊》,第 25 卷,[1939 年],第 3 页)。

放的历史过程的表达。正是伟大的君主们——他们也许并非完全意识到这一点——在向着那个方向努力。他们嫉妒其他权力的独立，因此对其他权力的任何干涉都充满了敌意。他们相信自己有能力治理好自己的国家，以至于到了不允许任何人分享他们的政治权威的程度。尽管如此，君权神授理论的拥护者们通过把对统一的根本需要隐藏在王权的神圣起源的原则之下而将它掩盖了起来。但是，这种掩盖与当时的思想家们所做的那些离开霍布斯本人所言的"黑暗王国"的努力是不相称的。君权神授理论是依附于新的历史状况的中世纪表达，在新的历史条件下，产生了与中世纪社会的需要相对立的诸般需要。霍布斯政治理论的意义在于，他试图理性地证明这个开启了近代历史的伟大政治统一进程的正当性，并且可以说是为新的内容阐述了一种新的形式，由此建构了一个与新的历史状况相适应的体系。一个黑格尔派的作家可能会说，在霍布斯的思想中，近代国家第一次获得了对它自身的完全意识。或者，我们也可以说，霍布斯的理论乃是近代国家的自我意识。

　　直到霍布斯的时代为止，诉诸权威一直都是政治科学中盛行的方法。马基雅维利为了教导他的国王如何获得和保存国家，认为历史是可以从中获取教导和榜样的最好权威。君权神授理论的拥护者们诉诸于《圣经》的超自然权威，以通过神圣权利（*ex jure divino*）证明君主权力的基础的正当性。伟大的博丹曾诉诸于历史和《圣经》两者。相反，霍布斯第一个以理性主义方法引入对政治现象的研究之中，抛弃了建立在权威之上的方法。这是他在方法上的革新，也是他个人觉得最为自豪的事情。霍布斯一直宣称并且追寻的目的是要把[87]几何学和一般的自然科学从中获益的同样严格的方法运用到道德和政治学科中去。在这个所有 17 世纪的自然法理论家们都具有的共同点上，霍布斯完全意识到了自己是一个创新者，并毫不犹豫地宣称："我将作为第一个为两门科学奠定基础的人而青史留名:新奇的光学(*Optiques*)和我在《论公民》中论述的在所有其他科学中最为有用的关于自然正义的科学。"①

霍布斯并不鄙弃把他的论证建立在权威之上,他只是不把权威作为正当性证明的主要来源而已。权威仅仅为经过理性程序做出的证明提供印证而已。他总是乐于从《圣经》中找到支持他的任何主张(尤其是最大胆的主张)的段落。如果我们说霍布斯既是一个形式逻辑学家,也是一个细致的(尽管不那么走运的)《圣经》解释者的话,那我们基本上是正确的。然而,霍布斯从事这种溯及《圣经》的研究,与其说是出于查明真理的需要,还不如说是为了使他的对手闭嘴。尽管霍布斯在自传中告诉我们,②尤其是在他受培根作品影响的思想形成岁月,③他是一名古代史和近代史的热心读者,但是他几乎完全没有引证任何历史的权威。他对历史的激情甚至使他翻译了古希腊两位伟大的历史学家之一的整部作品。当然,在霍布斯引证美洲人或以劫掠为生的人们时,他也确实提到了少许历史。然而,这些都只是零星的例子。不过,我们不应该忘记,尽管霍布斯没有提及历史,但国家的当代史就像一部他亲身参与其中的戏剧一样,是一直萦绕在他心头的。这部历史是他的理论的实验上的验证,这个验证响彻天际,以至于他甚至没有必要提到它,而他在其著作中不引证历史,也是"以免对[88]完全不涉及到各个国家的正义的事情做出界定",④从而也就不会违背科学的客观性原则。

---

① 这是《光学小稿或者第一稿》(*A Minute or First Draught of the Optiques*,1649)的最后一句话,在《霍布斯英文著作集》(*EW*),第七卷,第 471 页有其两个片段。

② 《拉丁文哲学著作全集》(*Opera philosophica quae latine Scripisit omnia*),第二卷,第 LXXXVIII 页。

③ 正如列奥·施特劳斯在《霍布斯政治哲学的基础和起源》(牛津:克拉伦登出版社,1936 年)第 79 页及以下所强调的那样。

④ 《论公民》,前言,第 xxii 页。

　　霍布斯想要运用到政治问题研究之中的科学方法与使得自然科学取得如此持续与持久的进步的方法是一样的：组合（综合）和分解（分析）的方法。正是这种方法允许我们从已知结果出发探究其原因，或者从已知的原因出发求其结果。通过分析，一个观念分解为它的那些构成成分；通过综合，一个观念又从它的构成成分出发重新组合为一。我们可以说，综合与分析的这两个过程可以比作加法和减法这两种数学运算。由此，我们即可得出这样的结论：科学推理就是一种计算，因而科学是运用于自然现象的数学。

　　由于科学与哲学的区分尚未出现，因此即便是霍布斯称之为公民哲学的政治科学也必须参与到这种科学思想的数学化中去，于此，我们可以看到霍布斯是完全依附于那个笛卡尔世纪的文化氛围的。公民哲学既可以用综合的方法，也可以用分析的方法。当我们从哲学的第一原理出发获得人的激情的知识并且在此基础上理解到构成国家的那些原因时，我们依靠的是综合的方法。当我们问过一个行为是否正义或是不义之后，一步一步地将不义的观念解析为违背法律的行为的观念，然后再把法律的观念解析为拥有强制权力的人发布的命令的观念，最后我们达到了人类想要一个具有强制权力、因而能够颁布法律的人的第一原因的时候，我们依靠的就是分析的方法。

　　霍布斯在其著作中运用了综合与分析这两种方法。在《论公民》的导言中，他宣称为了了解一个事物，我们必须了解它的构成要素。他[89]举了一个时钟的例子，如果不把它拆开的话，我们就不能完全理解它的运作。由此，他就把国家，这个人们长期以来在没有严格标准、在激情而非真理法则的支配下对它进行研究的政治科学的对象，比作一个机械装置。这一比较本身就是霍布斯用来分析国家的科学方法的证据，这种方法与直到他为止一直盛行于政治研究中的伦理方法和人文主义方法形成了鲜明的对比。个体是构成国家的成分，也就是说，他们是这个机械装置的齿轮。因此,一个旨在成为科学理论的国家理论必须要研究个体,研究他们典型的激情和他们的基本需要。正是这些导致人类走向战争的激情之间的对立以及那些不可抗拒地驱使他们走向和平的需要,促使这些个体自愿地服从唯一和绝对的权力,即国家。这样,对国家的研究就是一种通过原因而进行的认识,因此也就是真正的科学。

不言而喻,这一研究必须建立在一个所有人都会同意的普遍承认的原则之上,而且我们无需超出这一原则。霍布斯在《论公民》的导言中说:"凭经验,每个人都知道并无人否定"这一原则。这条原则就是所有的人天生互不信任,并且只要可能的话,就想要互相伤害。这就是众所周知的俗语"人对人是狼"(*homo homini lupus*)总结的那条原则。但是,我们还必须为这条原则加上第二条原则,而且我们很容易看到,它也和第一条原则一样植根于人性之中。人类一方面与他的同类为敌,同时又出于自然本能而倾向于保全自己的生命,或者更为准确地说,避免死亡。质言之,人们害怕死亡,尤其害怕暴死。正是从这两个基于对人的精神的观察之上的原则出发,作为科学的政治学就诞生了;也就是说,产生了一种用科学[90]方法建构的国家构造。自然状态先于任何有组织的社会的构成,它是一个人们按照其自然倾向而行动的状态。

我们只能把自然状态看作是被两种冲动之间的不可解决的冲突所撕裂的状态。其中一个是相互伤害的倾向,它产生了一切人反对一切人的战争,并且以暴死持续地威胁着人类的生存。另一个是自我保存的本能,它促使人们利用一切手段避免由于他们的反社会本性而必然降临到他们身上的死亡。因此,自然状态是一个内在矛盾的状态,也就是说,它是一个人类不能生活并且必须绝对离开的状态。我们可以更为正确地说,自然状态被描述为一个荒谬的状态,以至于与自然状态相对立的公民社会的合理性可以通过这一对比而得到加强。这样一来,离开自然状态也就意味着解决其内在矛盾。这是通过以下方式得到实现的:通过阻止或者至少缓和伤害他人的倾向,从而将人从对死亡的恐惧中解放出来。国家就是用来解决自然状态的内在矛盾的制度。它是一种高于个体权力的权力,也就是一个被赋予足够大的权力以阻止个体运用暴力的权力。国家是自然状态的对立物。它以和平的统治取代了战争的统治。它是一个建立在自然状态这一合理假设之上的理性建构物。

如果国家是理性的作品,那么,显然,公民哲学也就从国家赖以建立起来的其理性过程的再创造中获得了严格的科学特性。但是,公民哲学并不只是众多科学之一。按照定义,它超过了(比如说)物理学,就是科学本身(*the* science),并且与几何学处于同等的地位。之所以如此,是因为它使人想起维柯和他用来证明最卓越的人类科学(即历史)的科学价值的方法。霍布斯区分了可以证明的科学和[91]不可证明的科学。可以证明的科学就是我们有能力认识它们的第一原因的那些科学,因为它们的第一原因是我们的意志的表达,或者更为简单地说,它们是由我们创造的。不可证明的科学是那些第一原因不依赖于我们而依赖于神的意志的科学。[①] 物理学是不可证明的科学的典型例子,而几何学和公民哲学则是可以证明的科学的最好例子。他写道:"几何学是可以证明的,因为我们进行推理的线段和图形都是我们自己画出来和作出来的;公民哲学是可以证明的,因为我们自己创造了国家。"[②]因此,公民哲学就像几何学一样,旨在认识我们创造的物体。我们仍然会问:在何种意义上,我们可以说是我们创造了公民哲学的对象,或者,用霍布斯自己的话说就是,在何种意义上,我们可以说是我们形成了国家? 他的回答是,国家不是出于自然,而是出于约

---

① 《霍布斯英文著作集》,第七卷,第183—184页。霍布斯在《论公民》中更为清晰地处理了这一论证(《拉丁文哲学著作全集》,第二卷,第十章,第4节)。

② 《霍布斯英文著作集》,第七卷,第183—184页。

定。正是因为国家满足了人们自己的基本需要，所以人们才会需要它，并且通过相互同意而赋予国家以生命。

霍布斯由此提出契约论假说作为国家的基础。产生国家的契约规定了如下事项。许多人决定放弃他们在自然状态中享有的对一切事物的无限权利。他们也决定把这种权利转让给一个第三人（它可以不是一个自然人，而是一个议会）。他们具有双重目的：放弃他们相互伤害的主要武器，并且将其托付给可以用它来保护所有人的某个人。事实上，如果人们一定想要得到以上所述的所有事物，那么我们就必须在前面已经引述的两个原则之外，预设人性的第三个原则。霍布斯甚至没有提及这一第三个原则，因为在他看来，这是毋庸置疑的。也就是说，我们必须从人是理性的这一假定出发。他们通过唯有理性之造物方可运用的计算能力意识到，战争产生于对一切事物的无限权利，并且[92]也只有通过放弃这一无限的权利，战争才能够避免。

想象如霍布斯所描述的那些受本能驱使的人如何形成这种也许是功利主义的、但形式上严格的推理，并非易事。人们（尤其是那些误认为他对国家的理性建构就是对国家的历史起源进行研究的人们）常常指责他的这种假定似是而非。但是，毫无疑问，正是推理引导霍布斯笔下的人们去建立国家。正如战争是自然倾向的产物，和平则是"正确理性的命令"，即那种允许人类从特定前提推出特定结论或者从事实数据出发重构第一原理的能力的命令。确实，如果我们从霍布斯在他对自然状态的描述中为我们所概述的那种对于人的令人绝望的观念出发，我们将会对这些充满激情的、暴力的、出于本能的和自私的造物如何能够抛弃自然倾向走向理性感到疑惑不解。但是，霍布斯的作品不是一个旨在对社会演化的各个阶段提供一般概观的社会历史研究。[相反]，它是一个对于国家本性的自称是严格的论证。霍布斯旨在通过这一论证说服他的同时代人选择他认为是正确的道路，放弃错误的道路。这一计划本身就是信任人类合理性的一个标志。霍布斯确信良好推理的说服力,因为它是从"人是理性的"这一假定出发的。不然的话,他自己就会诉诸于权威。因此,对于弄清原始人是否能够遵从理性以至于同意国家的建构,他并不关心。他的言说对象是他的同时代人,更确切地说,就是他的国人,他们被错误的理论引入歧途。他们必须离开的自然状态就是发生在国内的、导致了内战的宗教与政治之间的冲突。霍布斯想要说明:国家是由人创造的,更加精确地说,它是由作为理性动物的人的意志创造的;也可以说,它是由人的理性意志创造的。[93]这样,除非人们要么自相矛盾,要么放弃他的卓越特性——理性,不然的话就不能不想要国家。

霍布斯在试图表明服从主权者构成政治社会的基本特征时,诉诸人性的理性部分。霍布斯所有的学说由一条旨在证明我们必须服从主权者——只要他确实发布了命令,甭管他发布了什么命令——的逻辑命题的铁链所组成。霍布斯政治著作的核心是一种关于服从的教导,他诉诸理性,而非感情。他的教导是理性的,而非感情的,是精明的,而非温暖的。古奇正确地指出:如果"《君主论》是治国的手册,那么《论公民》[就是]服从的语法"。①

霍布斯的政治学从权力统一的观点出发,在一种极端严格的推理线索的引导下,编织出了迄今为止政治学说史上最为彻底的服从理论之一。与这一理论相比,可以认为甚至是在霍布斯那个时代被用来支持绝对主义——即建立在服从之上的国家——的君权神授理论都是温和的。君权神授理论至少承认消极的服从,也就是说,承认当民约法违背神圣法时,一个人可以不服从民约法,只要自愿接受违法所导致的惩罚作为这种不服从的补偿条件的话。霍布斯不容许消极服从,事实上,他严厉地斥责它是一个错误。他作为重要的逻辑学家只给臣民留下了积极服从这一条出

_____

① 古奇,《霍布斯》,第17页。

路。除非生命受到威胁,否则臣民在任何情形下都必须服从。霍布斯提出了两个强大的论证作为服从的基础。第一个论证是,联合的信约迫使个体服从主权者的所有命令。换言之,个体获得了一种不依赖于[94]命令内容的服从义务,由此失去了判断命令正义与否的任何权利。第二个论证是,由于只有主权者才有权决定宗教事务,因此即使主权者非常想要实施违背宗教的行为,也不会下达这样的命令。

这里,由于霍布斯的理性主义和反神学的假定,这位重要的逻辑学家就处于有利地位,以至于他为了支持自己的证明而采用了他的那些把主权权力建立在人的约定之上的对手们的论证。在臣民看来,一个神授君主不可能完全摆脱他自己对授予他权力的至上权威的服从。(君权神授理论的理论家们正是从这一点出发发现了给消极服从留下出路的需要。)相反,如果一种权力是从作为其行使的对象的那些个体的意志那里来的,那就很容易构想出一个绝对独立于伦理和宗教限制的权力。因为这些个体不仅把这种法律资格授予这种权利的拥有者,并且也为他免除了任何责任。但是,只有在能够表明臣民之间的契约一旦签订便不可废止的条件下,这种解决才是有效的。

正是在讨论这个问题时,霍布斯运用了他所有的聪明才智,并且成功地设计了其最令人惊奇的方案,这一方案构成了其整个体系的关键。国家所建立于其上的约定不是像那些有民主信念的契约论作家们所认为的那样,是一个臣民与主权者之间的契约。进而,它也不是一个当主权者不遵守他所承担的义务时臣民就可以撤回的契约。这一契约是在臣民之间约定的,他们订立契约的目标是放弃他们的自然权利而支持一个第三方。只有在契约各方一致同意(这种一致同意如何实现呢?)和受惠者也同意(但是他为什么做出这种让步呢?)的条件下,这一契约才能撤回。反抗权的拥护者们用契约来破坏绝对主义之链,霍布斯则用契约来巩固之。

霍布斯用[95]反抗权理论自己的武器摧毁了它。他正是用人们用来摧毁服从理论的论证来为服从理论辩护。

　　霍布斯意识到驳倒他的对手和说服犹豫者的最有效的方式就是用其人的论证去反对其人。他的契约理论就是一个精明巧妙的翻盘招式,在我们今天看来,不管其历史意义为何,它都可以惊叹为一个证明艺术和辩证艺术的杰作。霍布斯之所以能够达到这一结果,完全是得益于他的清晰的方法论,这种方法论是他从他的科学教育中习得的。甚至是他的直接前辈的著名作品(如博丹的《共和国六书》)都充斥着复杂而又渊博的历史引证和参考。然而,如果我们将霍布斯的作品与这些著作进行比较的话,就能认识到,对欧洲文化而言,《谈谈方法》的写作并非徒劳无益之事。霍布斯是经院方法的一个邪恶而又不敬的敌人,这一点绝非偶然。他不失时机地发射毒箭攻击亚里士多德冗长沉闷的巨著。霍布斯想要准确、直接地命中他的目标。其结果就是《论公民》,它是清晰、简洁、理智和激情的典范,但也有着铁一般的逻辑和坚实的步调。《论公民》之为作品,甚至令反对它的观念内容的那些人钦佩不已,也俘获了那些最有偏见的读者的芳心,以至于使他们忘记和原谅了其中所有的悖谬、夸大、令人不安和反感之处。

　　尽管如此,我们也必不能拜伏在霍布斯的辩证游戏面前,以致认为他的服从理论仅仅是幸运推理的完美结论而已。服从原则植根于霍布斯关于人和世界的观念之中,因此,它绝不仅仅是一系列推理的结论,而是他的哲学个性的直接表达。如果我们不理解这一原则是牢固地建立在霍布斯道德哲学的两个基本原则——他的伦理上的约定主义和人类学上的悲观主义——之上的话,那我们就无法领会这一原则的意义。

　　[96]霍布斯的伦理学既不承认超越的道德意义上的绝对价值,也不承认内在的道德意义上的绝对价值。价值既不是甚至适用于神圣意志的永恒真理,也不是那些将自己附加于人类意志之

上的自然真理。人类意志自身就是每一价值的源泉,因此也就是每一评价善与恶、正义与不义的标准的源泉。更为准确地说,它就是人类意志的一致,即约定(convention)。这种一致或者约定是在人们被迫生活于其中的社会状态中取得的,因而也就抛弃了非人的自然状态。这种道德上的约定主义是霍布斯逻辑上的唯名论的结果。有人会认为,这种唯名论并不总是出现在他的那些最具理论性的著作之中,并且如果准确地分析一下霍布斯的逻辑学的话,那么这种唯名论也并非十分一贯。然而,我们不能否认其清楚一贯的表达及其在霍布斯政治著作中的作用。霍布斯在《论公民》中主张:"'真理'与'真命题'是一回事,而命题为真,是指它的后项,也就是逻辑学家所说的谓词,包含在它的前项即逻辑学家们所言的主词中;认识真理,同记住它是我们自己通过实际运用这些语词而创造的真理,是一回事。"①

举一个具体的例子,我们看一下"2+3=5"这个命题:"认识这个真理,不过是承认它是我们自己创造的,因为那些通过其意志定下语言规则把'II'这个数称之为'2',把'III'这个数称之为'3',把'IIIII'这个数字称之为'5'的人,也就通过他们的意志而产生了'2加3等于5'这个命题为真的事情。"②凡是对逻辑中的真理有效的,也同样对政治中的正义有效:没有永恒的正义或者自然的正义。"正义"就是人们一致同意以这一名称相称的东西。为了脱离自然状态,人们同意使他们自己的意志服从于一个第三人的意志,这个第三人是他们的同意的受惠人。因此,在最后这种情况下,"正义"就是主权者意求的东西。

[97]这样,受到逻辑唯名论支持的伦理上的约定主义致使霍布斯阐发了一种意志论的法律观。只有在 19 世纪实证主义法学

---

① 《论公民》,第十八章,第 4 节,第 303—304 页。

② 同上。

家们为立法者之用而建立的教义学中,我们才能够发现与霍布斯的法律观一样严格的法律观念。这种约定主义的、因此也就是反自然主义的正义观念(正义出于约定,而非自然)产生了一种意志论的和反理性主义的法律建构[*stat pro ratione voluntas*]。就服从而言,这一选择有两个重要结论。首先,个体一旦成为国家的成员,他就不再有权(因为他没有权力)自己决定什么是正义的和什么是不正义的。他唯一的责任就是服从主权者,因为只有主权者才通过共同同意被授予了区分正义与非正义权力,因而才有权利进行区分。其次,由于主权者是通过共同同意而独自拥有决定什么是正义与什么是不义的权力和权利的人,那么除了主权者的命令之外,就不存在任何正义的行为,除了主权者禁止之外,也不存在任何不正义的行为。结果,主权者的所有命令,仅仅因其为主权者的命令,而是正义的;他所禁止的事,也仅仅因为是他所禁止的,而是不正义的。

在一个不以绝对价值为衡量标准的世界观之中,即便是人本身,也没有绝对价值。在霍布斯所言的人中,没有可以向自己和他人启示人是一个道德人格的道德良心的痕迹,也没有可以向人启示绝对价值的存在的道德情感的踪影。人是一个受机械法则决定的自然的造物,受不可改变地规定了人在世界中的地位的那些天生的强烈激情的支配。在霍布斯的人类学中,虚荣可能是人最为典型的激情。[1] 最典型的激情是虚荣,而不是利益,是得到他人尊重和尊崇的快乐,而不是从他人那里获得利益的快乐。因为虚荣是灵魂的快乐,而利益则是[98]感官的快乐。无论如何,虚荣和利益都是自爱(amour-propre)的不同方面,因而是人的自私本性的明证。虚荣是对一个人自己的自然能力的热爱。利益是对一个人自己的物质福利的热爱。这两种主要激情使得人自然地就是一个

---

[1]　列奥·施特劳斯在《霍布斯的政治哲学》第 11 页及以下强调了这一点。

反社会的存在。人寻求他人为伴，不是出于自然的和自发的倾向，而是为了满足他对荣誉和物质利益的欲望。

人只有一种激情要比自爱更加强烈，那就是对死亡的恐惧。人不仅虚荣和自私，而且怯懦。自爱表现为骄傲、雄心、自负、傲慢和追求有用的东西等等形式，其中不存在绝对的价值，而只有工具性的价值。但是，人对自己生命的依恋战胜了自爱。自爱在生命之爱面前发现了自己的限度。因此，生命也就成为了这种权力伦理学的最大的善。（这种权力伦理学经常被颠倒过来，成为一种对于无力的陈述。）只有对死亡的恐惧才能说服人放弃自然状态中的荣誉和利益，并且接受公民社会。这一非社会性的存在出于恐惧而成为社会性的存在。这样，国家就是建立在恐惧而非正义的基础之上的了。

在这种视野中，自由、尊严、知识和信念到底代表了什么呢？对人而言，最紧要的事情就是在人的原初状态——也就是一切人反对一切人的战争——中拯救自己的生命。只有一个主人才能使他感到安全。只有国家，也就是建立在所有人的同意之上的权力，才能保证安全。因此，我们必须将自己交托给国家，并服从之。如果保全生命是人的第一大本能，如果生命成了最大的善，那么，为了它，我们就可以牺牲所有其他的善，甚至是天真的或是虚伪的乐观主义人类学称之为道德善的那些东西。在这些道德善中，有着自由与尊严。但是，对霍布斯而言，尊严除了是对我们自己的过高评价（也就是虚荣）的一个结果而外，还有什么呢？自由除了无限制地放纵我们的欲望以外，还是什么呢？除了我们的痛苦、软弱、错误和本能之外，我们还能为国家牺牲什么呢？如果我们通过牺牲我们的消极品质而换得了对于唯一重要的事情——也就是我们的生命——[99]的安全保障的话，那么我们为什么不应当接受这个即便拥有绝对权力并且我们必须绝对服从的国家呢？

在这一有关人的观念中，确实有某种犬儒的东西。因为它摘下了漫长的经院主义伦理学和学院伦理学传统大方地给人戴上的所有装饰。但是，霍布斯的犬儒主义揭示的是人的卑劣，而非邪恶。它看到了人类激情的荒谬，而非悲怆。它揭露了傲慢的华丽外衣下所潜藏的言过其实的空洞，以及居于伤害他人的冲动深处的怯懦。而这也表明，霍布斯更多地吸收了弥漫于其所有作品中的人文主义人类学的那些反讽方面，而非其教化方面。在霍布斯身上，存在着一种健康的犬儒主义，它至少将传统的哲学思考从修辞学和观念论的乐观主义品味中拯救出来，也将它从将道德问题系统化的趋向中拯救了出来。即使一种对所有传统如此不敬的思想在一个高度传统的哲学环境下注定会为千夫所指，这一点也依然是真实的。它注定要像一个传染病患者一样，在无神论、异端和道德败坏的借口下，受到孤立。事实上，用来反对霍布斯的武器，就是那些没有掌握全部真理的人使用的典型武器。这些人用那些自己不想思考或者也不想别人思考的人的共识，代替了作为判断和谴责的标准的真理。

显然，霍布斯从一种如此怀疑人类的态度出发，只能建立一个非人的国家，这也是其激进主义的结果。这种激进主义不知道妥协，只知在是与否之间进行选择，并以极端的理性主义回应极端的事件。我们已经看到，霍布斯把国家视为是自然状态的矫正方案。在《论公民》的其中一页中，霍布斯对两者进行了严格对比，并且总结道："在国家之外，是激情、战争、恐惧、贫穷、龌龊、孤独、野蛮、无知和残暴的王国；而在国家中，是理性、和平、[100]安全、财富、光彩、交往、高雅、科学和仁厚的王国。"[①]国家代表了与自然状态的众多意志相对的意志的统一、与主观权利相对的客观规范、与专断[arbitrium]相对的责任以及与自由相对的权威。但是，在每组概念的两个术语之间并不存在辩证关系。这样，如果自然状态是完全

---

① 《论公民》，第十章，第1节，第127页。

的自由,并且只是自由的话,那么国家就必须是绝对的权威,并且只是权威。几何学的精神(*esprit de géométrie*)不容许有半点折中。

霍布斯把自然状态描绘成人的放纵和混乱的状态,而把国家描述为是一种纪律严明且井然有序的状态。在这一极端的对立中,如果国家作为机器的机器(*machina machinarum*),也就是说,由理性主义的哲学家用技艺建立起来的一个机械模型,而获得了越来越多的威胁性特征的话,我们也不会感到惊讶。我们亲眼看着它变为可怕的利维坦。《约伯记》中说,"在地上没有权力可以与之相比"。但是,一个怪物事实上是一个非人的动物,至少它像自然状态中的狼人一样是非人的。但是,利维坦之所以是非人的,是因为它超越于人之上,而狼人之所以是非人的,则是因为它远不如人。这个重要的理性主义者用一种可怕的状态对付另一种可怕的状态。最后,霍布斯没有意识到他已经忽略了人,即人格(human person)。恰好是在霍布斯自己的国家中,正是这个人格在要求自由、宗教宽容和思想自由。这些要求注定要解开绝对主义不知如何解开而试图斩断的旧结。它们代表了自然状态和公民社会之间的妥协,前者以个体的自然权利为特征,后者则以对个体行使权力为特征。然而,霍布斯在自由中只看到了国家解体的原因,因此便压制自由。他认为思想自由就是在散播不和,因此想要检查它,羞辱它。他把宗教视为[101]不服从和国家解体的主要根源,因此而削弱它,直至把它变成一个服从公民权利的单纯工具。最后,他把人视为一个总是处于害怕之中的存在,并且认为只能用恐惧来对付恐惧。这就是为什么霍布斯的国家具有如此的威胁性特征的原因。它用有组织的恐惧去回应狂放不羁的恐惧。但是,恐惧构成了它的本质。

然而,霍布斯只是用他的无情的逻辑,追随近代国家形成的残酷步伐。近代国家建基于统一分裂的中世纪社会的原则之上。不管是认为国家威胁到宗教权威独立性的传统主义者,还是认为国家是个人自由障碍的革新者,都没有领会到这一过程的意义。不管是前者,还是后者,都把它看作是一场灾难,而与之斗争。但是,我们现在就可以很好地理解这一过程了。我们能够看到政治和法律统一的这一不可避免的(尽管不总是和平的)实现过程及其必然的(尽管并非总是有益的)结果。霍布斯所构建的大厦并非如初看起来那样悖谬。如果我们理解了这一点,也就能够理解它的说服性力量和它的长久价值。近代国家确实是霍布斯描述过并且还为之命过名的可怕权力和巨大机械。正如霍布斯所见,它既是吞噬人类的利维坦,又是把人变为无灵魂的齿轮的人造人(*homo artificials*)。人类历史非常清楚地知道这一同时是人的又是超人的势力(might),以至于忽视了这样一个事实,即霍布斯思想的价值在于准确地洞察到了国家的本质,并对它的权力提出了一个雄辩的警告。

政治问题是作为思想家的霍布斯终生关注的中心。他在成年时期所写的三部不同的著作中系统处理了这个问题:

1.《自然法和政治法原理》。此书写于 1640 年,并且作为两部不同的论著于 1650 年出版,其标题[102]分别为《人性或政策的基本原理》(*Human Nature or the Fundamental Elements of Policy*)和《论政治体或者法律、道德和政治的原理》(*De corpore politico* or *the Elements of Law*, *Moral and Politic*)。①

---

① 在莫里斯沃斯(William Molesworth)爵士出版的霍布斯《全集》(*Opera Ominia*)(这套全集分为《英语著作集》和《拉丁文哲学著作全集》[*Opera philosophica quae Latine Scripsit Ominia*]两个系列)中,这一著作是《英语著作集》第六卷,第一部分(第 229 页及以下)。它按其原来的形式重印,即作为一部作品,并有原来的标题,由费迪南·滕尼斯(F. Tönnes)直接根据霍布斯的手稿修订而成(剑桥:剑桥大学出版社,1928 年)。

2.《哲学原理第三部分：论公民》(*Elementorum Philos-ophiae Sectio Tertia De Cive*)。此书写于他流亡法国的第一年(1641年)，1642年在巴黎以小版本的形式匿名出版，1647年由索比耶(Samuel Sorbière)编辑，在阿姆斯特丹重印。此版增加了说明性的和论辩性的注释，以及作为序言出现的致德文郡伯爵威廉·卡文迪什的书信体献辞(日期署明为1646年①11月1日)和一个致读者的重要的方法论序言。② 1651年，作者亲自把它翻译成信实的英文，并且冠以《关于政府和社会的哲学原理》的标题。③

3.《利维坦——教会国家与公民国家的质料、形式和权力》。此书写于1649年，时值内战结束之际，他在法国逗留的最后一段时间，1651年在伦敦出版。后来，1688年，它在经过重大改动和修饰后，以拉丁文的形式出现在在阿姆斯特丹出版的第一个霍布斯拉丁著作全集版中。

霍布斯把《论公民》构想为他的哲学体系的第三部分，也是最后一部分。其哲学体系的第一部分是自然哲学原理(《论物体》)，其次是伦理学原理(《论人》)。但是，正如他在"致读者的前言"中系统阐述他的体系时所解释的那样，他的国家被严重的政治[103]问题所动摇，并在短期内将要爆发内战。因此，他认为最好是推迟前两部分的手稿的写作(它们很晚才出版，第一部分出版于1655年，第二部分出版于1658年)，以便着手写作第三部分，为当前的政治和宗教冲突提供一个原创性的解决。1640

---

① 译注：在塔克的《论公民》译本中，所署年份是1641年。
② 在莫里斯沃斯的版本中，它与《论人》一起被收入《拉丁文哲学著作全集》第二卷(第133—423页)。
③ 见《霍布斯英文著作集》，第二卷。献给丹麦国王克里斯蒂安四世内弟乌尔菲尔德伯爵的索比耶法译本已于两年前(1649年)出版。

年末长期国会召开前,他自动流亡法国,并且一到法国就立马着手写作《论公民》。他是保王党的支持者,害怕受到议会党人的迫害和暴行。当他还在英格兰的时候,就已经写了他的第一本政治著作,但尚未出版。在这部著作中,他支持绝对主义的原则,反对议会党人坚持的有限君主制和混合君主制的原则。由此,他受到了议会党人的注意。因此,如果议会党人获胜,他有理由害怕其严重的后果。霍布斯自己告诉我们,如果国王不解散议会(指从 1640 年 4 月到 5 月的短期国会)的话,他的生命就会处于危险之中。不管这一危险是否真实,霍布斯甚至在长期国会召开之前就逃离了祖国,前往法国寻求安全住所。在那里,他把系统重述并且出版那些能够促进英格兰国王的事业的思想定为自己的直接目标。其结果便是《论公民》。它写于长期国会开始和内战爆发之间这个英国历史的关键时刻。它看上去像是对那些被煽动性作品引入歧途的人们的一个警告,也像是对接下来确实发生了的甚至是更大的灾难的一个预言。

　　当《论公民》出现并且公开(尽管是在很小的圈子内)时,英国内战已经爆发。因此,对那些指控他的书为煽动并且生来就是添乱[*rebus permiscendis natum*]之作的人,霍布斯给予了讽刺性的回应。他说本书发表时,"内战已席卷整个英格兰,因而已经混乱的事态不可能[104]再被此书[进一步地]加剧"。① 他的这本书并非是一颗新的投入到炽热的激情氛围中的不和的种子;相反,它毋宁是对错误的控告,对散播混乱的指控,因此是有助于和平的。在另一个地方,霍布斯补充说,他写《论公民》"是为了让那些将会听到你和你的合约人正在英格兰所做的事情的所有国家都会讨厌你

---

① 《拉丁文哲学著作全集》,第一卷,第 XLIX 页。"*Bellium civile per Angliam gere-tur, ita ut res, tum permistae, permisceri ab illo libro non potuerint.*"[英译者注:引文由译者翻译。]

们,我相信它们会讨厌你们的"。①

任何情况下,霍布斯对和平事业的关心都要甚于他对国王事业的关心。如《论公民》第二版所围绕的那些事件所表明的那样,他的目的在于结束战争,不管它以何种方式结束。1645 年,当王室军队的局势恶化以后,威尔士亲王也来到法国避难。在这里,霍布斯成了他的数学老师(1646 年 10 月)。索比耶为了促进《论公民》在荷兰出版第二版,成功地从霍布斯那里弄到了该书的一个注释本。他在作者的肖像下面刻上了如下字样:"威尔士亲王之师。"此事当与霍布斯无关。在他 1647 年 3 月 22 日给索比耶的信中,霍布斯指出他不是威尔士亲王的老师,也不是他家庭的一名成员。霍布斯要让索比耶知道,他不想自己对君主制让步太甚,并且用他惯常的冷淡口吻补充道:"如果祖国能够实现和平的话,那我就找不到我不回去的任何理由。"②如前所述,《论公民》第二版同年在阿姆斯特丹出版。它没有富有争议的标题,但是加上了一篇前言。他在前言中强调指出,就其关注的服从而言,贵族制、民主制和君主制都是一样的。在英国内战以《论公民》似乎意在痛斥的弑君行为(1649 年)而告终的那几年间,霍布斯写下了他的第三部[105]政治著作。他的具体目标就是不要切断所有的回国机会。他在流亡十年后,终于重归故土。那时,他已经失去了王室的宠信。1652年初,他作为克伦威尔的忠信臣民回到英格兰。

在霍布斯的政治著作中,《论公民》是最为一体和最为同质的。《法律原理》第一部分的前十三章包含了一个关于人性的短论。《利维坦》除了开篇对人性的论述(第一部分前十二章)外,还包括

---

① 《论荣誉》(*Consideration on Reputation*),《霍布斯英文著作集》,第四卷,第 415 页。(他给一个冒充造反党派人士的对手的信。)

② 费迪南·滕尼斯,《托马斯·霍布斯:生平与学说》(*Thomas Hobbes*: *Leben und Lehre*),斯图加特:弗曼(F. Frommann)出版社,1925 年,第 30 页。[英译者注:引文由译者翻译。]

了论述《圣经》批判和哲学批判的第四部分。《论公民》分为三个部分：国家的起源、结构及其与教会的关系，它没有探讨国家以外的任何其他事情。我们确实最好把这部小作品看成是一个哲学体系的自成一体的部分。与其他两部作品相比，《论公民》要系统得多，因此也更为简洁，有时还要更为清晰一些。

《利维坦》则是一部远为丰富有力的作品。但是，与之相比，《论公民》精确、严格。《利维坦》因其复杂而丧失了这两个特点。《利维坦》更好地揭示了霍布斯的伟大和他的个人天才，《论公民》则表现了他的聪明才智、他对精确的激情和他的精致的逻辑头脑。最后，《论公民》在敏锐和说服力方面也要更胜一筹，因为它的各部分匀称、合度，其论证则简洁、明快。《论公民》真正是一个谨严论证、严密推理和几何学精神（*l'esprit de géométrie*）的典范。在作者的意图中，《论公民》作为哲学体系的一部分，是写给所有国家的有学问的人的，而《利维坦》则是写给他的同胞的。这两本书都非常清晰地揭示了他的这两个不同意图的信息。《论公民》的安排要更加精心和更加有条不紊，而《利维坦》则在历史引证和经验事实方面更为丰富。在霍布斯这位高度重视方法，以至于自认为建立了一门新科学的作家的那些著作中，《论公民》依然是方法论智慧的不可逾越的典范。由于这一原因，迄今为止，它依然在政治学说史上占据无可替代的地位。即使我们拿[106]它与霍布斯更为自由和详实地重写同一主题的后续作品（译注：当指《利维坦》）进行比较，也是如此。

同他的那本基本著作（译注：当指《利维坦》）相比，霍布斯的同时代人通常更加喜欢他这本短小、简明的小册子。普芬道夫连同他的传遍了整个欧洲的自然法论著一起，成为霍布斯此著的第一个、也是最伟大的信使。在他于《利维坦》出版几年后所写的第一本著作中，普芬道夫在提到他对霍布斯的感激之情时，引用的就是霍布斯的这部小书，而非那部大部头作品。"我们从托马斯·霍布斯那里受益匪浅。尽管他的《论公民》一书的论点有些渎神的味道，但也包含了敏锐和睿智的内容。"①在普芬道夫的论自然法的伟大著作中，他对霍布斯的几乎所有十分常见的引用来都来自《论公民》。在《论公民》中，霍布斯的更加严格的方法论上的准确性给它的论点赋予了更加精确的范式价值。当霍布斯本人以近乎傲慢的典型自信来展示那些构成其荣耀主张之基础的成就时，他认为他的最重要的成就就是自己成为了政治科学的奠基人。我们可以理解，他对《论公民》最为喜爱。在此书中，他的系统努力取得了莫大的成功。因此，他在《自传》（*Vita Carmine Expresso*）中特别强调指出，《论公民》"悦乎学人，全然新颖；译为诸语，读辄赞许，是以声名远布"。②

　　尽管这部独特而又闻名遐迩的作品在霍布斯的思想演进和政治思想史上都非常重要，但是它在意大利却少为人知。文奇格拉（Mario Vinciguerra）为巴里的拉特尔扎（Laterza）出版社翻译的《利维坦》全译本（1911—1912 年）取得了巨大成功。它不仅吸引了众多学者，而且也吸引了大量有素养的读者、学生和政治家去关注霍布斯的这部更加[107]流行的、因其著名标题而更具轰动性的作品。但是，人们几乎完全忽视了兰恰诺（Lanciano）的卡拉巴（Carabba）出版社在 1935 年出版的 P. 达比洛的勤勉、忠实（尽管不完整）的《论公民》译本。我想要用我在 1948 年出版的《论公民》第一版补偿这种不公。这是首次献给意大利公众的第一个全译本，它译自拉丁文本，并且用英文本进行了校对，③还加

---

① 普芬道夫，《普遍法学原理二卷》（*Elementorum Iuri prudentiae Universalis Libri Duo*）（埃亚［Aia］，1660 年）"序言"。"Nec parum debere nos profitemur Thomae Hobbes, cuius hypothesis in libro *De Cive*, etsi quid profani sapiat, tamen caetera satis arguta et sana."［英译者注：引文由译者翻译。］
② 《拉丁文著作全集》，第一卷，第 XC 页。
③ 我遵照的是前面提到的莫里斯沃斯编辑的版本。

上了解释性的注释和历史方面的注释。同时出版的还有《利维坦》的新译本。[①] 大约十年后,《论公民》的这个译本得到了重印。这一事实使我相信,兹事并非无益之举。然而,在意大利,即使是这部不太出名、却又与《利维坦》一样值得关注的作品也已经必定找到了比通常的 25 人还要多出几个的读者。[②]

附:《一位哲学家与英格兰普通法学者的对话》导读

霍布斯的同时代人对其小册子《一位哲学家与英格兰普通法学者的对话》(以下简称《对话》)十分陌生,正如他的后人并不熟悉其《论公民》一样。[③] 我把这部作品放入《论公民》第二版中[108],以为霍布斯的政治和法律思想提供一个更加完整的形象。霍布斯在老年时期写下了这部《对话》(大约在 1666 年,此时他已是 78 岁高龄),但是未将它出版。它出版于 1681 年,[④] 并且据我所知,此

---

① 霍布斯,《利维坦》,2 卷本,贾曼科(R. Giammanco)译编,都灵:"乌泰特"出版社,1955 年。第三个译本出版于 1976 年,是米切利(G. Micheli)为新意大利出版社(La Nuova Italia)编辑出版的。这一出版社于 1968 年出版了由帕基(A. Pacchi)编辑的《法律原理》意大利文首译本。联合出版社(Editori Riuniti)在 1979 年出版了由马格里(T. Magri)编辑的《论公民》新译本。

② 英译者注:此句摘自曼佐尼(Manzoni)《约婚夫妇》的"导言"。

③ 事实上,甚至在它出版之前,伟大的法学家黑尔爵士(Sir Matthew Hale, 1609—1676)就已经知道。他写了一些关于它的重要思考,但一直都保存在手稿中,只有在霍尔兹沃斯(W. S. Holdsworth)的《英国法律史》第五卷附录(伦敦:Methuen &Co., 1904 年,第 500—513 页)中才以《首席大法官黑尔勋爵对霍布斯先生的法律对话的思考》(*Reflections by the Lord Chief Justice Hale on Mr. Hobbes His Dialogue of the Law*)为题出版。

④ 与《修辞的艺术》一同出版于马尔麦斯堡的托马斯·霍布斯,《修辞的艺术》(及《论英格兰的法律》),伦敦,1681 年,为威廉·克鲁克在圣殿关外青龙书局印刷。出版者在致读者的简短前言中这样描述它:"另一作品是许多年前写就的一部关于英格兰法律的论述。在这部作品中,作者竭力使他的政治学的一般观念适应英格兰君主制的具体宪制:这是一个谈何容易的设想,成功则值得赞赏,可能失败也易获宽宥。它有幸获得法律界伟大人士的推崇,由此可以推测它包含了某些（转下页注）

后它就只再版过两次。第一次再版于 1750 年版的霍布斯道德和政治著作集中,第二次再版于经常引用的莫里斯沃斯版本。① 至今尚未发现有如此鲁莽的译者去把霍布斯的这篇充满英国法律术语的对话翻译为 [109] 其他语言,这真是一件冒险又不讨好的事情。

和霍布斯一样严厉批评柯克的史蒂芬爵士(Sir James Fitz-james Stephen)赞扬此作,说这部几乎被人遗忘的著作"是边沁和奥斯丁之前关于该主题的最有力的思考"。② 尽管如此,即便是近来日益广泛深入的关于霍布斯的历史著作也忽视了这本书。但是,有迹象显示,这一幸运时刻即将来临。(甚至历史批评的时代也成熟了。)在长期沉默以后,两位意大利学者在最近几年里开始关注到了这本书。③ 非常巧合的是,当我完成目前的编辑时,我所

(接上页注)卓越的内容。然而,不能期望所有人都会认同这种见解,唯愿这些文字的出版不会得罪任何人而已。因为,他们在这里只会发现霍布斯和其他博学之士通过有力的论证而已然主张的那些事物,而非任何稀奇古怪的想法。对公众来说,至少可以增添这种好处,即在那种必然战胜一个如此重要的对手的名声欲的推动下,能干的笔杆子可能会进行这场争论。"(《霍布斯英文著作集》,第四卷,第 422 页)尽管编者说这一对话完成于多年以前,但的确没有写完。它突然结束,没有结论。此外,如果霍布斯的原计划是关于柯克的四卷本《英格兰法总论》(*Institutions*)写一部批评性的评论的话,那么传到我们手中的对话则主要是针对卷二和卷三的,只有在最后几页中,霍布斯才开始评论卷一。由于其主题(财产权),这是最长、也是最为复杂的一卷。正好是在这个最后部分的开头,霍布斯说:"接下来,让我们考虑一下爱德华·柯克爵士对《大宪章》和其他成文法的评论。"(第 545 页)但是,几页之后,对话就戛然而止了,他宣告的评论从未出现。

① 《霍布斯英文著作集》,第六卷,第 3—161 页。

② 《英格兰刑法史》,伦敦:麦克米伦(Macmillan)出版社,1883 年,第二卷,第 106 页,注释 4。对于柯克,史蒂芬这样写道:"再也不可能找到比柯克更加混乱和天生就缺乏分析普通语言能力的头脑了。"(同上,注释 1)关于同一作者,亦见《安息时节》(*Horae Sabbaticae*),第二系列(伦敦:麦克米伦出版社,1892 年),尤其是第三章"霍布斯的次要作品",第 46 页。在这里,他说:"《关于普通法的对话》可能是用英语做出的有史以来以某种类似于哲学的精神第一次批判这个国家的法律的尝试。"

③ 阿斯卡雷利(T. Ascarelli),《法律解释和比较法研究》(Interpretazione del diritto e studio del diritto comparator,1954),载《商法论集》(*Saggi di diritto commerciale*),米兰:久弗瑞[Giuffrè]出版社,1955 年,第 489 页;莱奥尼(B. Leoni)1958 年夏在克莱蒙特(Claremont)学院的系列讲座,尤其是现在收录于莱奥尼的《自由(转下页注)

知的第一部信息丰富、资料翔实的关于这篇对话以及霍布斯与英国普通法的关系的研究正好出版了。①

《一位哲学家与英格兰普通法学者的对话》的思想源自霍布斯想写一篇《自辩》(*apologia pro se*)的想法,这在他最初的几行文字中明显表达了出来("对我而言,不为任何人,只为自己辩护,即已足矣")。② 1664—1665 年冬爆发的瘟疫,以及特别是 1666 年 9 月[110]2—6 日毁掉了都城三分之二的数日大火,与英荷战争的不良势头再次点燃了处于蛰伏状态但并未根绝的怨恨。人们逐渐听信那些为了寻找替罪羊而反过来指控长老会派、无神论者和天主教徒为这些灾难的罪魁祸首的人的话。9 月 21 日,火灾之后不久,几个国会成员为了表达他们的愤慨,同时也是为了平息那些针对被认为是要为之负责的人的谣言,提出了一条反对无神论的法案。10 月 17 日的《众议院议事录》(*Journal of the Commons*)发布了下述命令的消息:"授权反无神论和渎神法案所托之委员会收集有关具有无神论、诅咒、渎神倾向或是违背上帝的本质和属性的书籍(尤其是以怀特③的名义出版的书籍,以及霍布斯先生的名为《利维坦》的书)的信息,并将它们的意见送达众议院。"幸运的是,这一指控行之未远,因为上议院否决了众议院通过的这一法案。但是,霍布斯尽管年事已高,却在被指控为异端的威胁之下,开始

(接上页注)与法律》(纽约:诺斯特兰[D. van Nostrand]出版社,1961 年)中的第四讲,见该书第 92 页以下。《对话》以原来的形式连同贝尼尼(G. Bernini)的评论一起出版于阿斯卡雷利(T. Ascarelli),《霍布斯和莱布尼茨》(*Th. Hobbes e G. W. Leibniz*),米兰:久弗瑞出版社,1960 年,第 73—195 页。

① 坎贝尔(E. Campbell),《霍布斯和普通法》(Thomas Hobbes and the Common Law),见《塔斯马尼亚大学法律评论》(*Tasmanian University Law Review*),1958 年,第 20—45 页。

② 《霍布斯英文著作集》,第四卷,第 3 页。

③ 此托马斯·怀特是一个天主教神父,他是霍布斯的朋友和追随者。使他受牵连的作品是《论心灵的中间状态》(英文版于 1659 年出版,拉丁文版于 1682 年出版)。该作品因宣扬灵魂不朽而遭受质疑。

研究英国法中异端罪行的历史，以做好为自己辩护的准备。他很快就写了一篇名为《关于异端及其惩罚的历史叙述》(*An Historical Narration Concerning Heresy and Punishment thereof*)的短文。[①] 此文最后的陈述是，尽管主教和长老会派们不断攻击《利维坦》，但是在英格兰法中，异端罪已经灭绝了很长一段时间。

不过，伟大的法学家们对这个问题又是怎么想的呢？爱德华·柯克爵士的名望必定是令人敬畏的，因为他是捍卫和恢复英格兰普通法的人。他的四大本《英格兰法总论》在 1628 年到 1641 年间出版并多次重印。它们是所有法律问题的百科全书式的《大全》(*Summa*)，涉及从私法[111]到公法、从刑法到程序法的所有主题。《总论》无疑是那个世纪的主要法学著作，并且依然被认为是普通法形成史上的里程碑。霍布斯为了要装备齐整，自然会诉诸于它。此外，霍布斯之前即已知道此著，并有机会查阅。[②] 柯克在《总论》第三卷中把异端罪放在叛国罪之前论述（第 527 页），这一事实必然使霍布斯大为恼火。他对此极为不满。柯克是法律文本的行家里手。但是，在一个像异端这样的需要历史和神学知识的领域，柯克却是一个门外汉。他甚至不能说出什么构成异端（第 495 页），而在论述其他罪行时，他是直接从定义开始的。他也没有认识到在伊丽莎白时代和詹姆斯一世治下对异端罪的那些最后的判决是非法的。相反，他用巧妙而又吹毛求疵的论证证明这些判决的正当性，从而误解了历史叙述和法律先例（第 508 页）。

霍布斯与柯克的分歧不只是涉及到个别的解答，而是建立在原则之上的分歧。在所有法律都要还原为主权者的命令这一立场上，霍布斯是最严格的理论家。柯克是与詹姆斯一世相左的普通

---

① 《霍布斯英文著作集》，第四卷，第 385—408 页。
② 见《利维坦》，第十八章第 119 页、第三十章第 222 页和第 229 页对柯克此著的三处引用。

法的恢复者。他因无视王室特权和在王室与议会斗争的第一阶段成为国会主张的教唆者而被国王免去了官职。柯克是霍布斯想要与之进行长期较量的对手。柯克关于异端的错误的、令人恼火的见解就像是开战的借口,这场战争一直延迟,但从未忘却。

我们没有理由怀疑,对培根的《英格兰普通法原理》(*Elements of the Common Law of England*,1630 年出版)的阅读,诱使霍布斯更加深入地从事法律研究。[112]霍布斯的朋友和首位传记作家约翰·奥布里爵士亲自告诉我们,他曾在 1664 年将此书作为礼物送给霍布斯。① 后来的传记作家们接受了这一插曲。但是,我们对此不能太过倚重,因为尽管霍布斯的《对话》引用了英格兰法的那些最著名的作品,但却没有留下培根影响的痕迹。

《对话》是与爱德华·柯克爵士的一场持续而又迫切的讨论。霍布斯时常出言不逊,说柯克不是一个优秀的推理者、一个好的语法学家,甚至不是一个理智的法学家。在这部著作中,霍布斯不失时机地重申了那些他最喜欢的主题:主权、法律的本质、正义和衡平的本质、成文法优于普通法、国王高于国会、国王的命令高于法官的裁决。霍布斯赞扬了君主政体,嘲笑了新旧蛊惑家们,尤其是提出了他自己对普通法的解释。他认为普通法等同于自然理性,即衡平,并再次宣称,不是法官,而是主权者,才是其唯一拥有权威的解释者。由此,霍布斯就否认了成文法以外的其他任何实定法,不像法学家们那样认为普通法也是实定法。(我认为这是他的推理的核心。)只有自然法才会继续存在,但它只有通过主权者的意志才能获得法律效力。这部对话作品的历史价值在于这个事实:霍布斯采取了这个立场。这个立场源自他与尽管受到他的批判、但依然岿然不动并且构成英国法学界主流的法律理论的对峙。因

----

① 约翰·奥布里(John Aubrey),《生平简述》(*Brief Lives*),安德鲁·克拉克(Andrew Clark)编,牛津:克拉伦登出版社,1898 年,第一卷,第 341 页。

此,霍布斯的对话也是他一直追求了三十多年的思想路线的最后证明,而在英格兰的政治史和思想史上,这三十年也居于最具决定性的年代之列。

如果有人问我,是什么促使我从事这一新的尝试,我的回答只能是更加[113]理直气壮地重述我在第一个意大利语版本导言末尾所说的话。在那里,我指出,我从未忘记伽森狄致信索比耶,敦促他出版霍布斯《论公民》以外的其他天才作品时之所言:"上天恩准你会成功地从他那里获得他写下的其他作品,并且恩准你通过出版这些作品,而使整个哲学界蒙福。"我完全同意伽森狄的见解,以及他在下面这句话中表达出来的对霍布斯的精辟论断:"我不知道有谁在进行哲学思考时会如此不怀偏见、如此深入地研究了事物。"①

---

① 《拉丁文哲学著作全集》,第一卷,第 XXXIV 页。[英译者注:引文由译者翻译。]

第四章 霍布斯政治哲学中的自然法与民约法

一

[114]事实上,托马斯·霍布斯隶属于自然法传统的历史之中。他的哲学,作为自然法理论的典型表达之一,法律和政治思想史上没有哪个文本不曾提到并进行分析过。另一方面,在法律上,霍布斯则属于法律实证主义的历史之中。他的法律观与国家观事实上令人惊讶地预示了19世纪实证主义理论。在这些实证主义理论中,我们发现浪漫派历史主义的反自然法倾向最为彻底地表达了出来。当人们谈起奥斯丁时,还时常会想起他的一个(孤零零的)先驱霍布斯。自然法理论和法律实证主义是两股对立的思潮,相互间进行着旷日持久的争论,一个否定另一个。那么,霍布斯又怎么会同时属于这两股思潮呢?自然法理论的历史作家把霍布斯与格劳秀斯、斯宾诺莎、普芬道夫一起并称为17世纪四位最伟大的自然法理论家。如果那些历史作家是正确的话,那么那些作为自然法理论的激烈对手并成功地持续了一个世纪之久的法律实证主义的奠基者们又怎么能够将霍布斯的理论视为他们的历史典范呢?而如果法律实证主义者们正确的话,这难道不正是我们修正

[115]传统自然法理论的历史并从中删除托马斯·霍布斯的名字的时候吗?

众所周知,近代自然法理论需要进行深刻的修正。近些年来对格劳秀斯以及天主教的反宗教改革的自然法理论的艰苦解释就是两个很好的例证。(现在)学者们强调格劳秀斯与中世纪传统的联系以及天主教的反宗教改革对后来的自然法理论家们的影响。这一修正模糊了格劳秀斯作为革新者和先驱的印象,这种形象是由其追随者普芬道夫和托马修斯确立起来的,此后就被机械而又忠实地重述,并被顽固地复制。但是,霍布斯的解释问题可能完全不是一个历史批判的问题。霍布斯确实属于自然法传统,但他也确实开创了法律实证主义学派。如果我们仍然能够使用"悖论"这个历史学家们快要用滥了的术语的话,那么霍布斯的悖论就是名副其实的。为了理解这一悖论,我们必须通过详细地分析,耐心地进入霍布斯庞大而又明显严密的系统。我们必须认真观察它最为微妙的节点,检查它的支柱并揭露它所采取此种形态的那些理由。依我看,自然法与民约法的关系问题,是那些允许我们触及霍布斯那巧妙而又系统的机械论的最敏感之处的根本问题之一。首先,这一问题是所有自然法理论的根本问题。其次,我们将会看到,在霍布斯这里,它具有如此多的面相,以至于我们可以认为它是霍布斯所有法律和政治著作中最为棘手的问题之一。

二

我们可以把自然法与民约法的关系问题简述如下。霍布斯发展了一个古已有之的最为典型和严密的法律正义观念。法律正义指的是坚持认为正义在于[116]无论义务的内容是什么,一个人都要服从其义务的观念。如一种具体的义务(公民对于国家的义务),正义就是不管法律的内容是什么,而对法律的服从。霍布斯在他的一个著名段落中提出了这一观念,他宣称我们只能对我们与之订立契约或对他作出承诺的人不正义。因此,正义就意味着遵守契约和承诺的条款,而不义则是不遵守契约和承诺的条款。①从这一定义,我们可以推出,在人类不受任何契约约束的自然状态,我们不能谈论一个行为的正义与不义。② 但是,公民社会一旦通过主体间的联合契约建构起来,那么正义的行为就是与法律相一致的行为,而不正义的行为就是违背法律的行为。反过来,法律来自于主权者的意志,而主权者又建立在通过社会契约所建立的那些状态的基础上。任何人都能看出来,这是律法主义正义观的清晰表达,其特征在于从单纯形式的观点出发看待正义。

　　律法主义正义观念的本质特征在于将法律视为区分正义与不义的唯一而又不可逾越的标准,因为它是唯一拥有合法地发布命令之权力的人所发布的命令。他发布的命令之所以正当,仅仅是因为它是有权发布命令之人发布的。他所禁止之事为不义,仅仅因为它是被受到禁止的。显而易见,律法主义正义观为法律实证主义提供了一个思想上的框架。法律实证主义是这样一种法律观念,它把实定法视为判断正义与不义的自足标准。这样一种观念便排除了与自然法的关联,而自然法(本来)被认为是允许我们赞成和反对实定法的一整套原则或行为规范。然而,这里还存在着一个对霍布斯理论的解释问题,因为他的整个法律体系建立在[117]他对自然法的承认之上。众所周知,霍布斯在他的政治著作中对自然法进行了具体而又彻底的分析。③ 这样,问题就产生了:一个从接受自然法开始的体系又是如何能够成为形式正义观念的典型表达的呢?

---

① 《论公民》,第三章,第 4 节,第 31—32 页。
② 只能说它是有用的或是有害的行为。
③ 《原理》,第十五、十六、十七、十八章;《论公民》,第二、三、四章;《利维坦》,第十四、十五章。

如果我们以另一种方式提问，也将面临同一困难。霍布斯体系的目标与结果是绝对国家理论，即一个被赋予了尽可能摆脱人的限制与束缚的权力的国家理论。霍布斯研究的一个显著特征在于，对于可能构成约束和限制国家权力的一切事物，他都进行了彻底的系统搜捕。在进行搜捕时，霍布斯技艺高超、精力充沛、充满了理性的热情。最终，他成功地给出了他的国家观，它把国家垄断法律的过程推向了其极端的后果。除了法律（也就是主权者的意志）之外，他将规范的所有渊源（尤其是普通法）一概取消，并且也取消了国家的法律秩序以外的所有其他的法律秩序（尤其是教会、国际团体和较小社团的那些法律秩序）。然而，如果我们让自然法与实定法一同存在，并且与实定法所采取的各种形式一同存在的话，我们就不能说国家绝对垄断了法律。换言之，如果我们承认自然法的存在及其正当性，那么我们就不能说国家权力是绝对的和不受约束的。因为这些自然法因其高于实定法的内在构，所以必须符合自然法则（natural laws）。然而，正如已经指出的那样，霍布斯把他的国家置于传统自然法的基础之上。此外，只要一有机会，他就把自然法与实定法安置在一起。霍布斯除了在上页注释③所引章节中具体分析它之外，还经常参考它，在许多段落提到它。这样，就产生了一个类似于前述问题的问题：如果主权者的意志必须要用自然法去衡量其自身，那么国家权力又如何能够是绝对的呢？［118］如果霍布斯让每一条实定法的最危险的对手——自然法——存在的话，那他为什么要否定国家之外规范的所有渊源呢？

最后，我们以如下方式来表达霍布斯思想中的这一根本对立：霍布斯的探究从自然法开始。因此，自然法理论家们认为霍布斯是他们中的一员就是正确的。但是，霍布斯以牢固构建实证主义的国家观结束。因此，法律理论家们也正确地挪用了它。在霍布斯的起点和终点之间有一个明显的对比。霍布斯的理论首先因它的建构力量和严密逻辑而为世人所知。他是沿着何种分析路径，以至于能够从确定的前提出发，得出一个同样确定但又与其前提相矛盾的结论的呢？本文旨在分析霍布斯遵循的所有路径，并回答这一问题。我们认为，对于我们历史性地理解霍布斯的法律哲学来说，这个问题是至关重要的。

三

霍布斯提供了一个自然法（law of nature）的定义，它在形式上与传统的定义无异。对霍布斯来说，自然法是正确理性的命令。[①]作为这样的命令，自然法是不同于实定法的，因为后者是意志的产物。霍布斯的定义与其他自然法理论家所提出的定义的区分在于，理性对他来说所具有的不同意义。对霍布斯来说，理性是一种计算，通过这种计算，我们可以从为了表达和表示我们的思想而一致同意的名称出发得出种种结论。理性只有形式上的价值，而无实质上的价值。理性并不向我们揭示本质，但它使我们能够从特定的原则出发得出特定的结论。理性并不是那种我们凭借它可以学到关于第一原理的明显真理的能力，而是推理的能力。直到最近，人们还在说，霍布斯的理性只有方法论上的意义，并无任何本体论上的意义。[②] 推理并不[119]包括对明显的原则的学习，而更是一种思维的方法。霍布斯的理性概念不是形而上学的，而是工具性的。他自己对上面所引用的自然法的定义有这样一个评论："人在自然状态中的正确理性，据我理解，并不像许多人理解的那样，是一种不犯错误的能力，而是指推理的行为，也就是说，是每一

---

① 《论公民》，第二章，第1节，第16页；也可参见《自然法和政治法原理》，第一部分，第十五章，第1节，第57—58页；《利维坦》，第十四章，第84页。

② 波林（R. Polin），《霍布斯的政治与哲学》（*Politique et philosphie choz Th. Hobbes*），Paris：puf，1952，第 xii 页。

个人对于他的可能会影响到邻人的损害与利益的行动的具体且真实的推理活动（ratiocinations）。"①

　　从理性的这种不同的意义，也就产生了霍布斯的自然法观念与传统自然法观念之间的根本区别。对其他自然法理论家而言，自然理性（*naturalis ratio*）或正确理性（*recta ratio*）本身规定了什么是善或者恶本身。相反，对霍布斯来说，理性指的是，在与既定的目标的关系中，什么是善或者恶："然而，那些我们称之为自然法的东西……不过就是理性所理解到的对于要做或者不要做的那些事情的特定结论。"②更为清晰的是："它们只是结论，或关于什么有助于他们自我保全和自我防卫的原理。"③此外，在像霍布斯哲学这样的唯名论哲学中，没有原则自身是真的，因为依据这种哲学，"真与假是语言的属性，而非事物的属性。在没有语言的地方，就既没有真，也没有假"。④

　　既然依据霍布斯自然法指的是在与给定目的关系中什么是善或什么是恶，那么在理解自然法的时候，确定和理解目的是什么就变成了根本问题。这里，霍布斯的观念与传统自然法观念之间的鸿沟就拉大了。从霍布斯功利主义的观点出发，人类的最高目的就是和平。而对其他自然法理论家而言，人类的最高目的则是（道德上的）善。因此，对传统自然法理论家而言，自然法规定善的事物，并禁止恶的事物，且不受到因守法而来的功利与伤害的影响。这就是为什么[120]我们可以谈论某物本身即善或者恶的原因。对霍布斯来说，自然法指的就是：对于代表了最高功利的和平这一目标的实现来说，什么是便利的，什么是不便的。因此，基本的自

――――――――――――――――

① 《论公民》，第二章，第 1 节，第 16 页。
② 《论公民》，第二章，第 33 节。（译注：英译本引注有误，该段引文出自《论公民》，第三卷，第 33 节。）
③ 《利维坦》，第十五章，第 104 页。
④ 《利维坦》，第四章，第 21 页。

然法规定:追求和平。所有其他的自然法则都是从这一基本自然
法中推导出来的,这条基本的自然法被认为是实践理性的第一原
则。霍布斯把那些其他的自然法则称为"推导出来的",是为了说
明他的体系是演绎体系,是与非形而上学的理性主义——这是他
熟悉数学科学的成果——的准则相一致的。他指责他的前辈,因
为"他们看不到行为的善在于求得和平,行为的恶在于导致不和,
他们建构的道德哲学完全偏离了道德法则,并且不忠实于其自
身"。[①] 我们必须记住,即使是关于最终目的——即和平——的知
识都不是直觉,我们可以从能够把握自明真理的自然理性(*natu-
ralis ratio*)中将其推出来。这种和平的知识甚至——与霍布斯的
认识论相一致——是从一种从原则到结论的推理中推导而来的。
按照霍布斯的理解,我们知道和平是人的目的,因为它是我们对人
性的实证研究所得出的结论。这一研究表明,受自我保全的本能
支配的人,视生命为最高价值。

　　这里不是讨论霍布斯把生命视为人的最高价值是对还是错的
地方。(此外,如果用对错这些术语来处理的话,这种讨论也将无
定论。)重要的是要强调指出,霍布斯以一种方法上正确的方式勾
勒了自然法问题。(对他来说,如同对其他自然法理论家一样,自
然法则与道德法则是相同的。)自然法则(或道德法则)是与从被认
为是最高善的那个善推导出来的一整套规定相一致的。所有其他
的善都要从属于它,好比手段从属于目的一样。今天我们意识到
每一个道德体系都是一个规范体系,[121]它们规定人的行动,以
此实现人们所认为的最高目的。我们知道,各种道德体系的差别
在于,每一道德体系都会提出一个不同的目的作为最高目的。在
前面引用过的句子中,霍布斯宣称:"行为的善在于求得和平,行为
的恶在于导致不和。"我们可以因霍布斯把和平视为终极目的而指

---

① 《论公民》,第三章,第 32 节,第 48—49 页。

责他。但是,我们不得不钦佩他清晰地提出了令自然法理论家们困扰不已的自然法问题。对霍布斯来说,关键问题与其说是发现善与恶本身为何物(的问题)乃是一个(因其表述不好而)不可解决的问题,毋宁说是一旦给定目标并将其接受为最高目的后,确定人类应该采取何种行为这一可以解决的问题(尽管可以通过不同的方式来解决)。

四

我们谨记以下两点:(1)自然法不规定自身为善的行为,而是规定与既定目的有关的善的行为。(2)这一目标是就和平(或保全生命)。这两个主张可以帮助我们理解到,霍布斯是如何从一个由自然法理论推论出来的前提出发,通过修正自然法传统而达到实证主义的结论的。通过把和平设定为目标,①霍布斯从中推出了他的第一条自然法,它规定"不应保留一切人对一切事物的权利;相反,必须转让或放弃某些特定的权利"。② 而通过放弃对一切事物的权利,并把这一权利转让给[122]其他人,人们就脱离了自然状态,建立起了公民社会。因此,第一条自然法便规定了国家的建立。这就意味着国家是实现和平(和实现保全生命的最高价值)最为有效的手段。但是,如果国家是实现和平最为有效的手段的话,这就意味着人类能够通过建立国家——国家是负责颁布实定法的

----

① 霍布斯认为和平是由基本自然法规定下来的。

② 这是《论公民》第二章,第 3 节中的表述。在我看来,它是最为可信的表述。在《利维坦》中,我们可以读到如下的表述:"在别人也愿意这样做的条件下,当一个人为了和平与自卫的目的,认为必要时,会自愿放弃这种对一切事物的权利;而在对他人的自由权方面满足于相当于自己让他人对自己所具有的自由权利。"(第十四章,第 85 页)在《论公民》中,在基本自然法与推导出来的自然法之间,也有一个更为精确的区分。这一区分在《利维坦》中消失了,上面引用的法则被表述为第二条自然法。

主体——实现第一条自然法所提出的目标。这样一来,国家就是
建立在自然法本身的基础之上的。颁布实定法是国家产生的理
由,但是,实定法是从自然法那里获得正当性的。换言之,自然法
宣称,如果人类想要实现自然法所规定的目标,他们就必须接受实
定法的统治。这是对自然法的重要性的声明。在一定程度上,如
果不考虑其他的话,自然法仅仅在内部法庭(*in foro interno*,在人
的良知领域内)发挥强制作用。也就是说,考虑到霍布斯的功利主
义观念,它根本就不具有强制作用。同时,这一声明是自然法的退
位,它承认了实定法的力量。

　　我们可以用一种更激进的形式来表达我们刚才所说的内容。
自然法是理性的命令,它建议人们,如果想要获得和平,就必须只
服从实定法。霍布斯体系的此条第一路径给我们留下了这样一个
印象,即自然法除了为国家——因而为实定法——的产生提供正
当性以外,并无其他功能。似乎自然法的出场,只是为了稍后马上
消失一样。因此,它的功能就不是要确定在没有或超越实定法的
前提下依然有效的人类行为规范。(这是对自然法的功能的传统
解释。)自然法的唯一功能就是为实定法体系(也就是为国家)提供
一个理性的基础。我们可能会倾向于认为塔伦蒂诺(Tarantino)
的这个评论是正确的:霍布斯体系中的自然法注定了决不会生效。
这在自然状态和公民社会中都是如此。因为在自然状态中,战争
肆虐,法律沉默(*inter arma silent leges*);而在公民社会中,实定法
取代了[123]自然法,对公民的行为强加约制。①

　　这样,霍布斯就只是将自然法作为一种倚靠的手段,它之所以
有效,是因为它在政治思想传统中的长期的权威性使用。霍布斯
利用自然法为主权者的绝对权力提供了一个可以接受的基础,由

① 塔伦蒂诺(G. Tarantino),《霍布斯的道德与政治思想》(*Saggio sulle idée morali e
politiche di T. Hobbes*),那不勒斯:贾尼尼(Gianini)出版社,1900 年,第 116 页。

此保证实定法无可争辩的至上权威。但是,由于霍布斯仅仅把自然法当作一种手段,所以他就抽空了它的内容,剥夺了它的威信。有必要指出(尽管是附带指出)的是,霍布斯的最狡猾的策略之一是利用他的对手的范畴去证明一个与之相反的论题。这一策略是他作为一个论辩家所具有的最为杰出、最有魅力的特征之一。我们只要想一下社会契约理论,这是民主作家们的主要论证。霍布斯成功地把它变成了绝对体系的主要支柱。同样地,本文第一部分论述的对自然法的解释表明,本来自然法是他的对手用以限制国家权力的一个最难以对付的论证,霍布斯却用它服务于他的特定意图。

有限国家理论的拥护者主要依靠两个论证:国家以契约为基础,自然法优于实定法。霍布斯既不拒斥契约,也不否定自然法。他不像同时代的菲尔默那样通过简单地否定一条路径而接受另一条路径来为君主制辩护。霍布斯选择了一条更为艰难而又更具魅力的道路:他与对手使用一样的素材,但在经过他的结合之后,却得出了一个截然相反的结论。他努力表明,自然法并不像自由主义者、激进分子和无政府主义者们主张的那样,是反抗权的基础,而是绝对地和无条件地服从的基础。如果他成功了,他就[124]比那些为了绝对主义事业而去发掘那些已然失去其洞察力和说服力的古老理论和古代文本的人,更为有效并更富技巧地为这一事业的实现提供了帮助。他的对手不是认为因为主权权力建立在契约的基础之上,所以按照定义,它就是可以废止的吗?霍布斯就像一个高明的律师一样,得心应手地处理了这一问题,乃至于表明,没有主权者同意,公民自己不能撤回他们由以建立主权权力的契约。他的对手不是坚持认为自然法由于高于实定法而使公民反抗压迫的权利合法化了吗?霍布斯如此成功地力挽狂澜,从而使他能够表明,绝对的和无条件的服从是自然法本身的第一条基本命令。

五

然而,这并不是霍布斯理论中的自然法所发挥的唯一功能。少数其他法则都遵循那条规定人们须放弃他们在自然状态中所享有的绝对权利的(自然)法则。其他这些法则的一个共同特点就是,它们都对维持或恢复和平所必需的行为作出规定。在所有这些法则中,只有规定"信守诺言"(因此也是第一条自然法的必然推论)的第二条自然法,像第一条自然法那样规定了公民社会的建立。其他法则则独立于公民社会的建立,规定了自身可行的行为类型。如果要将它们分类,我们可以将之分为两组。第一组包括规定了对于和平来说是必不可少的德性的法则。用《论公民》中的序号来说,它们是感激(第 3 条),社会性(第 4 条),怜悯(第 5 条),节制(第 9 条)和公正(第 10 条)。这一组也包括了对由不和或者战争所导致的恶进行谴责的法则:报复(第 6 条),吝啬(第 7 条)和傲慢(第 8 条)。我们可以称所有这些法则为实体性法则。第二组包括那些在和平被破坏以后,对恢复和平所必要的行为和态度进行规定的法则。我们可以称它们为程序法。[125]照此,它们涉及和平的调停者(第 14 条),仲裁者(第 15、16、17 和 19 条)和见证人(第 18 条)。(第 11、12 和 13 条法则可以被视为规定公正的第 10 条法则的必然推论。)①

然而,这就产生了一个问题。这些规定不依赖于建立公民社会的各类行为的法则也是在公民社会之外具有效力吗? 如果回答是肯定的,那就会破坏上述严格的实证主义解释。这样的话,那些认为霍布斯是自然法理论家的人就会是正确的。现在,我们就来

---

① 波林最近提出了一个不同的划分,见《政治与哲学》(*Politique et philosophie*),第 200—201 页。

处理这个新的难题。①

　　首先，自然法有一个削弱其力量的一般特性；它们只在良心中强迫人。② 确实，这一特性不是霍布斯的理论所特有的，而是所有自然法理论都有的，甚至那些坚持认为自然法具有首要地位的理论也具有这一特性。但是，由于霍布斯道德原则的功利主义基础，这一特性在他那里获得了特别的价值。它极大地修正了（甚至是消除了）义务只对一个人的良心有效的通常意义。对那些起源于伦理和宗教的自然法理论而言，自然法表达了绝对的道德价值。良心中的义务是一个无条件的义务。它作为这样的义务，比实定法所特有的外在义务要更强有力。后者只强迫人的行为与规定的行为相一致，它并不要求内在意图与外在行为完全一致。但是，如果自然法的命令涉及到神圣的世界秩序的话，那么即便制裁并不及时，但也无人能够脱逃。神法的制裁依赖于绝对可靠的正义；而因违反外在义务而导致的国家权力的制裁则是有可能逃避掉的。实际上，对传统的自然法[126]理论家而言，内在义务（obligation *in foro interno*）要比外在义务（obligation *in foro externo*）更严格。他们共同认为，实定法③也强迫良心。换言之，他们认为，与绝对正确的法官的不可避免制裁相连的良心义务有助于加强由既可避免又会出错的国家权力施加的外在义务。

　　相反，霍布斯颠倒了外在义务与内在义务的关系。他所认为的无条件的义务是公民对国家权力所承担的那些义务。他在这一点上的观点是众所周知的。主权权力一旦建立起来，公民就负有

---

① 比安卡（G. Bianca）在《霍布斯思想中的法与国家》（*Diritto e stato nel pensiero di T. Hobbes*，那不勒斯：人文书籍出版社，1946 年），第三章，第 73—103 页中注意到了这一难题。
② 《自然法和政治法原理》，第一部分，第十七章，第 10 节，第 71—72 页；《论公民》，第三章，第 45—46 页；《利维坦》，第十五章，第 103 页。
③ 至少是除了刑法以外的大多数实定法。

对国家绝对服从的义务。也就是说,公民负有服从主权者命令的义务,这仅仅因为它是命令,而与命令的内容无关。在这一方面最重要的段落是《论公民》第十四章的第 23 节,在这一节中,霍布斯拒绝了消极服从的理论。那些像他自己的学说一样的绝对主义学说广泛支持这一点,但又为王权提供了一个神圣的基础。① 相反,霍布斯则认为,公民对国家负有积极服从的义务。并且,他通过宣称实定法并非是一个公民在遵守戒律和接受制裁之间可以自由选择的假言规范,而支持这一论点。它毋宁说是一个定言规范,无条件地规定公民必须遵守戒律。②

　　这样,一方面,霍布斯想要表明实定法是无条件的。另一方面,他不想给相反的论点,即自然法的有效性仅仅是有条件的,留有任何质疑的空间。对霍布斯来说,自然法只在良心中有效意味着[127]自然法促使我们想要实施它们。我们只有在确保对自然法的实施不会对我们自己造成损害时,才会从想要实施转到切实实施。这意味着自然法有效是有条件的,即以它们的实施不对我们造成伤害为条件。这样,霍布斯伦理学的功利主义原则就在这方面发挥了重要的作用。自然法不规定自身就是善的行为,也不诉诸于神圣制裁,而仅仅是想要达到特定的重要目的(和平)的手段。因此,如果一个人遵守它们,得到的是伤害,而非功利,那就是矛盾的。换言之,既然自然法不是绝对的,而只是相对于一个目的而言的,那么从它而出的义务就不是无条件的,而只是限于实现那一目的罢了。什么时候人能够最好地按照自然法行动而不受伤害呢? 当他确信其他人也会这样做的时候。霍布斯在《利维坦》中解释道:"因为一个人如果持身谦恭温良,在其他人都不履行诺言的

---

① 关于消极服从是君权神授理论的一个特征,见菲吉斯(J. N. Figgis)的名作《君权神授》(The Divine Right of Kings),剑桥:剑桥大学出版社,1922 年,第 208 页以下。
② 《论公民》的这一段与《利维坦》和《自然法和政治法原理》中的段落都不同。

时候与地方,履行自己的一切诺言,那么这人便只是让自己作了旁
人的牺牲品,必然会使自己受到摧毁,这与一切使人保全本性的自
然法的基础都相违背。"①但是,我们只能在公民社会中,也就是
说,只有在人的行为不再是有条件地,而是无条件地强制的状态
下,才能获得这种安全的保证。这就意味着,我只在自然法被转化
为民约法以后才被迫履行自然法的命令。从这一点来看,显然,自
此我所服从的法律就不再是自然法,而是民约法。霍布斯赋予自
然法的路径再次以国家而告终,甚至是投身于国家之中。国家一
旦建立起来,自然法就不再有任何存在的理由。

六

　　自然法不再有作为法律而存在的理由,即不再有作为预期和
规范行为的命令而存在的理由。但是,有人可能反对说,它们因为
它们的内容,也就是[128]因为它们所规定的事情,而继续有效。
我们以规定公断人或者法官必须公正无偏的自然法为例。确实,
它只是因为被唯一有权利颁布和实施法律的国家权力所接受而具
有约束力。但是,如果国家权力不是从自然法中得到这一公正的
命令,那么它又是从什么地方得到这一命令的呢? 换言之,实定法
提供规范的形式,自然法提供规范的内容。

　　如果我们接受这一反对意见,那么自然法的权威性就根本没有
被剥夺,而是保留了一种重要而又不可取代的功能。如果我们继续
将这一进路——即自然法规定了实定法通过国家强制机关进行强
制的那些类型的行为——推至其极端的逻辑结论的话,那么就会得
出这样的结论:霍布斯的体系与洛克的体系根本没有什么不同。对
洛克而言,个体建立国家权力的目的主要是保证自然法的和平执

---

①　《利维坦》,第十五章,第103页。

行。洛克的国家的典型特征在于它建立在国家产生之前的自然权利和义务的基础之上。国家的主要任务(若非其专门任务的话)是,通过执行强制性权力,实施这些自然权利和义务。但是,自由主义国家按照定义就是有限国家。它之所以是有限的,是因为它以自然法为先决条件,并从自然法中推出其合法行动的内容。这种自然法与实定法之间的关系理论为限制国家权力的理论提供了前提。我们如何能够对它和霍布斯激活绝对国家①的计划进行和解呢?

对一个倾向于严格的实证主义学说的思想家而言,接受自然法确实是非常危险的。他一旦接受,就很难摆脱它们。在这一点上,甚至霍布斯也表现出了一些犹豫。这些犹豫几乎危及到了霍布斯的整个体系。也就是说,自然法理论的逻辑似乎吞没了他。这种逻辑[129]建立在如下二元论的假定之上:存在两种法律秩序,并且其中一种高于另一种。他在《论公民》的一段中写道:"自然法的实践对和平的维持是必不可少的;……而安全对自然法的实施又是必不可少的。"②这段话的意思是国家权力的功能就是保证安全,即执行自然法。就此而论,自然法就会为实定法提供规范的内容。实定法在形式上和内容上都会是规范,而自然法则仅仅在内容上是规范[ratione materiae]。

可以这么说,从内容的角度看,实定法应当总是自然的。我们在《利维坦》中发现了与之相同的陈述,以一种更为宽泛,因此也更成问题的方式表达出来。霍布斯甚至说:"自然法与民约法相互包含,并且范围一致。"更为综合的说法是:"民约法与自然法不是不同种类的法律,而是法律的不同部分,其中以文字载明的部分称为民约法,而没有载明的部分则称为自然法。"③如果我们没有误解

---

① 众所周知,他的政治著作充满了对倡导有限政治权力的理论家们的论战性攻击。
② 《论公民》,第五章,第 3 节,第 64 页。
③ 《利维坦》,第三章,第 17 页。(译注:英译本注释有误,本段引文出自《利维坦》,第二十六章。)

的话,可以把这两句话理解为同一个意思,但是这两句话的意思并不清楚。自然法本身不能够强制服从,只有实定法才可以强制。如果自然法要变成可强制的,就必须辅之以民约法。因此可以推出,正是民约法使得自然法成为强制性的。换言之,从形式的角度而言,法律是实定的,因为它是由能够合法地创制有约束力的法律规范的权威颁布的。但是,从内容的角度来看,法律则是自然法,因为它是从自然法的戒律中得出其规则的内容的。只有基于这些理由,我们才可以像霍布斯那样,说自然法和民约法有共同的范围,并且是同一法律的不同部分。民约法的内容不多不少,与自然法内容完全相同。它们之所以是同一法律的不同部分,是因为实定法构成了这一法律的形式,而自然法则构成了它的内容。[130]这样,与传统自然法学说相比,霍布斯这里似乎完全颠倒了自然法与实定法的关系。确实如此。对自然法理论家而言,实定法之所以具有约束力,只是因为它合乎自然法;而对霍布斯来说,自然法之所以具有约束力,就只是因为它合乎实定法。

七

　　尽管有这些陈述,我认为我们在做出下述主张时还是应该非常地谨慎:霍布斯对自然法的让步超过了他的体系框架的要求。根据上面所引的摘录,尤其是出自《利维坦》的摘录,我们可能会得出这样的结论:霍布斯没有把自然法从他的体系中排除出去,因为通过把它转化为实定法的内容,他给自然法分配了一个至关重要的角色。但是,根据其他段落和霍布斯的体系的精神,很显然实定法并没有像我们今天所说的那样把法律有效性仅仅归结于自然法,而且它在规定规范的内容上面也绝不只是袖手旁观。自然法是普遍性的。它并不明确地决定所有行为的形式,也不决定国家权威为了建立和维持国内和平所需的所有程序。自然法是空洞的话语,只有国家权力才能为它充实具体的内容。在《论公民》的一些段落中,霍布斯让我们感觉到,主权者为了让柔顺的自然法适应他的喜好和利益,可以干些什么。他写道:

> 偷盗、谋杀、奸淫和所有的背信都是被自然法所禁止的。但对一个公民来说,什么叫偷盗、谋杀、奸淫或背信,这要由民约法而非自然法来决定的。不是所有将别人占有的东西拿走的行为都叫偷盗,只有拿走别人财物的行为才叫偷盗。而什么东西是我们的,什么是别人的,这是一个属于民约法的问题。类似地,也不是所有杀人的行为都叫谋杀,只有民约法禁止的杀人行为,才叫谋杀。也不是所有的性交都叫[131]奸淫,只有民约法所禁止的才叫奸淫。①

在我看来,在这里,霍布斯反对自然法的战斗达到了顶峰,或者说,达到了罪大恶极的地步(如果你愿意这样说的话)。在他按这一方式处置了自然法和实定法的关系问题以后,自然法还留下些什么呢? 此前,可以认为自然法为实定法规提供了内容。现在,可以清楚地看到这种关系真正包含了什么。自然法规定不可杀人,而民约法则确定我们所言的杀人是什么。比如,它确定在战争中杀敌不算谋杀。因此,它不禁止在战争中杀死敌人的行为。自然法似乎具有的与民约法的关系就这样被取消了。由此,霍布斯甚至无意间便到达了一种纯粹实证主义观念。因为在他的主张中也暗含了对下述事实的批判:所谓的自然法太过一般化,根本就没

---

① 《论公民》,第六章,第16节,第85—86页。在《论公民》中还有其他类似的段落。其中之一是第十四章,第10节,第191页:"虽然自然法禁止偷盗、淫乱等等,但如果民约法命令可以进行这种侵犯,那种行为就不能被看成是偷盗、淫乱等等。"另一个在第十四章,第17节,第196页:"但我们问的并非偷盗是否是一种罪,我们问的是,什么应该被说成是偷盗。与此相似的其他事情也是同样的情况。"

有用。初看上去,他好像只是说:"自然法存在,但不具有约束力。"但是,现在他把对自然法的贬抑推得更远。自然法存在,但是它太不确定,以至于不能适用。霍布斯说自然法没有约束力,就是已经剥夺了它们的效力;说它们不确定,则使它们毫无用处。说正是民约法必须规定什么是偷盗、谋杀和奸淫,就是说民约法自行决定其内容,而不是从自然法得出它的具体内容。对此,霍布斯自己提供了一个最好的例证:"在古代,拉栖第蒙人通过特定的法律允许孩子对他人的东西小偷小摸,他们所规定的就是,那些东西不属于那个人,而属于小偷小摸者;[132]因此,这种小偷小摸不算偷盗。"①这一例证除了说明"只有国家权力能够决定什么是许可的和什么不是许可的,无需依赖任何更高的法律"外,还能说明什么呢? 当代最为严格的法律实证主义理论家汉斯·凯尔森可能会完全赞同这种观点。对凯尔森来说,在实定法之前,没有任何内容,而任何行为之被禁止或者被授权,都要以其符合既定的形式为条件。

八

　　不言而喻,我们在简单地把霍布斯的理论视为一个严格的实证主义体系时必须谨慎,因为我们承认他的体系为自然法留有空间,已经有好几个世纪了。在这一点上,值得进行一些更多的反思。前面一节分析的论题仅仅适用于《论公民》。霍布斯不仅在《利维坦》中将其删除,而且还给自然法明确了一个更加重要的地位。即便我们不能说霍布斯已经改变了他的思路,但必须承认,他确实更多地倾向于自然法理论的那些传统观点。在《利维坦》中,霍布斯讨论了一个揭示自然法与实定法之间关系的复杂性的问题。这就是法律秩序中的漏洞问题。

---

① 《论公民》,第十四章,第 10 节,第 191 页。

众所周知，一个名副其实的实证主义者对这一问题有一个现成的解决方案。法律漏洞的填补必须不能离开实定法体系。据此，我们可以遵循两个众所周知的方法：类比和诉诸有效法律的一般原则。这种解决方案是霍布斯无法想象的，因为即使他在目的上是一名实证主义者，但在选择体系基础时，他仍然是一个自然法理论家。在他与19世纪的法律实证主义者之间存在着一个根本差异。对一个19世纪的实证主义者而言，实定法体系是自足的，而对霍布斯来说，实定法体系是通过一个在先的自然的（或理性的）秩序而获得正当性的。这种在先的自然的（或理性的）秩序在压缩至这种程度之后，[133]必然在实定秩序缺漏时再次出现。这就是出现漏洞时的情形。无疑，霍布斯认为法官必须诉诸于自然法，以对实定法秩序没有预见到的问题进行解决。[①] 一个只有在《利维坦》中才得到清晰表述的进一步的推论，来自这样一个陈述：一旦实定法沉默，自然法即具有约束力。

在我看来，这一点之所以重要，是因为它有助于我们尽可能清晰地表明霍布斯的理论与严格的实证主义法律理论之间的差异。霍布斯的理论是在一个无人质疑自然法的存在和效力的文化氛围中曾经做出的将法化简为实定法的最为严肃的尝试。法律实证主义者认为存在一个实定法的控制尚未覆盖到的所谓的空白的法律空间：也就是说，在这种空间中，有着或宽或窄的行动自由。相反，霍布斯则认为，当实定法尚未颁布命令时，自然法即具有效力。这样，就存在一个由不同于实定规范的规范所填充的法律空间。这是这一事实的逻辑结论：对霍布斯而言，实定法秩序包含了自然法。我们已经指出过，实定法秩序的作用在于使自然法具有效力。我们现在就能够更好地理解这是什么意思了。它的意思是：只有

---

① 《自然法和政治法原理》，第二部分，第十章，第10节，第151页；《论公民》，第十四章，第14节，第194页；《利维坦》，第二十六章，第183页。

在自然法包括在一个实定法秩序之中时,自然法才不仅在良心
(*foro interno*)中,而且也在外部行为(*foro externo*)中进行强制。
也就是说,它们只对那些通过契约而成为国家成员的人具有约束
力。换言之,自然法在自然状态中是没有约束力的,因为人们不彼
此伤害,是不会遵守它们的。但是,它们在公民社会中是具有约束
力的,因为如果它们被违反了,主权者就要强制执行它们。

　　《利维坦》的一些段落证明这确实是霍布斯所持的观念。在霍
布斯先前的著作中没有可以与这些段落相比的内容。但是,这些
段落并不代表他收回了自己的观点;它们只是表明霍布斯完全
[134]意识到了自己体系的基础罢了。在讨论法律要有约束力就
必须众所周知的原则时,霍布斯指出,存在着无需公布或颁布即
"无一例外地对所有臣民都进行强制"的法律。这些法律就是自然
法。① 此外,还有这样的论述:"对自然法则的无知是任何人都不
能当成借口的,因为每一个人达到运用理智的阶段以后都应当知
道:己所不欲,勿施于人。"②这样看来,臣民的法律义务有两个渊
源。一个渊源是由作为主权者意志的明示的或者默示的意志的产
物的实定法所设定的。③ 另一渊源是由自然法设定的,如果它被
违反了,也会像违反实定法那样受到惩罚。根据以上摘录的引文,
自然法将会渗入实定法的大本营,直至实定法必须保护它们,并由
此把它们转化为有约束力的规范为止。另外一段话也可以证实这
一观点:"如果一种不成文法在境内各行省中被普遍遵守,施行时
也没有出现不公平的情形,这种法律便不可能是别的,而是一种对
全体人类同样有约束力的自然法。"④这一段话意味着这些不成文

---

① 《利维坦》,第二十六章,第 176—177 页。
② 同上,第 191 页。
③ 严格意义上的法律是主权者明示意志的产物;而主权者默示接受的规范则是那些
　属于普通法的规范。
④ 《利维坦》,第二十六章,第 175 页。

法(它们是自然法)与成文法一样(并且与之一同)具有约束力。

　　这样看来,自然法与实定法一起以同样的方式具有效力,但也只能是在一个特定的实定法体系之中。如果这是真的,那么就正是自然法为实定法没有明白规定的案件提供了法律上的解答。我们无需明确提到自然法。正是霍布斯体系的逻辑使我们得出这一结论。国家一旦建立起来,自然法就变成像国家法一样的法律。[135]因为国家的任务恰好在于,通过创造一个和平的法律秩序,使公民自由地遵守正当理性的命令。因此,在国家没有立法的情况下,每一个人都有义务按自然法行为。这意味着对一个法官来说,如果实定法不能帮助他进行裁决的话,那么通过适用自然法的命令去评价臣民的行为就是完全正当的。我们随便举一个例子吧。霍布斯接受的一条自然法是禁止我攻击我的邻人。不管实定法秩序中是否有这样一条法律,我都负有不攻击邻人的义务,因为自然法是完全有效的。如果我的行为不遵守这一法律的话,法官就可以惩罚我。

　　但是,我们能够完全保证这一原则确实是效忠于自然法,而且是对实定法施加的一个限制吗?如果情况确实是这样,那么我们就应当要让起初那个强调霍布斯的法律实证主义的论点温和一些。然而,我们有很好的理由相信,在这种情况下,霍布斯对自然法的忠诚也只是表面上的,相反,他隐藏了对自然法的贬低。

　　不经过解释,据称与实定法一起有效的自然法就不能适用于未被实定法规定的具体案件。① 但是,谁被授予了解释自然法的权利呢?根据霍布斯所言,国家无疑被授予了通过法官解释自然法的权利。霍布斯解释说,不能基于道德哲学的著作对自然法进行解释,因为它们仅仅表达了哲学家个人的观点,而哲学家们往往是相互矛盾的。"自然法的解释就是主权当局规定来听审与决定

① 因为只有在这种情形下,自然法才是具有约束力的。

属于这类纠纷的法官所下的判决词",①它规定了自然法的正确解释。因此,只有法官(即主权者)才有权决定一个未被实定法规定的具体案件是否[136]可以被自然法所规范。同时,也只有法官才有权决定应当适用哪一条自然法,并确定这条自然法所规定的内容。这样,确定并具体规定自然法就完全属于法官的自由裁量权。但是,这意味着是主权者使自然法具有效力,并且赋予它某一内容,而不是另一内容。他通过确定并具体规定自然法的内容这两道工序来完成这一工作。这样,我们就发现法官在填补实定法秩序的漏洞时,就享有与主权者在决定自然法的内容上相同的操控自然法的权力。我们可以说,作为立法者的主权者在创造实定法时剥夺了自然法的一些意义,而作为法官的主权者则在面对一个立法权力未曾规定的问题时,也剥夺了自然法的一些意义。②

九

如果我们虑及自然法与个体公民的行为之间的关系的话,那么我们到目前为止所说的话都是站得住脚的。但是,霍布斯的政治学说主要思考两个主体(或人):公民与主权者。现在,我们必须去探究自然法与主权者的行为之间的关系。从这一方面来看,霍布斯也是以自然法理论最正统的术语表述了这一问题。他坚持认为主权者负有尊重自然法的义务。这种主张使自然法重新获得了独立,之前我们认为已经将其打倒在地。在个体与主权者

---

① 《利维坦》,第二十六章,第180—181页。

② 我们在分析"习俗必须不能与自然法相冲突,如果它们是'基本法'(very law)(《利维坦》,第二十六章,第186页)的话"这一陈述时可以遵循同一推理。但是,谁有资格判断它们的一致性呢? 显而易见,是主权者,因为我们可以从以下段落中推出这一点:"除了合理的习惯以外,法律家都不认为是法律,而不良的习惯应当废除。但哪些是合理的,哪些应该废除,则要由立法者——主权议会或君主加以判断。"(《利维坦》,第二十六章,第174页)

的关系中,自然法已然不复存在。但是,这并不意味着完全把它们从人际关系中根除尽净了。在公民社会中,由于[137]众所周知的放弃和转让自然权利的盟约,主权者使自己处于原初的自然法和公民的行为之间。自契约生效的那一刻起,主权者就变成了唯一有资格发布法律规范的人。如果公民只服从实定法,那么主权者也会服从同一法律吗? 在这一点上,霍布斯的回答再也清楚不过了。主权者没有服从民约法的义务;依照古老的成语,主权者是不受法律约束的(*legibus solutus*)。① 难道这意味着主权者的权力是不受任何事物的限制因而是专断的吗? 霍布斯对这一问题的回答也是非常清楚的。自然法对公民是沉默的,但对主权者是有效的。

只要自然法在君王的责任中被指派了一席之地,那么当霍布斯不断地剥夺自然法的权威时,一个正统的自然法理论家也会心安理得地追随霍布斯。这样,终究而言,霍布斯似乎确实对他迄今为止一直都没予以善待的那些法律给予了高度评价,因为他将与自然法理论最为切合的、根本的、不可替代的功能赋予了它们:限制并校正主权权力。霍布斯通过他的辩证法,已经将自然法理论学说侵蚀到这种程度,以致它看上去像是一个空壳,一个没有内容的名称,或者是一个有充满其他内容的名称。现在,他准备发起决定性的打击。在走得如此之远以后,他还会退回来并遵循前人的路线吗? 对霍布斯来说,自然法也是君主的行为准则吗? 如果愿意它是行为准则的话,那它就是一个道德准则,而不是一个法律准则。但是,尽管如此,它也是一种如果不是在人类法庭上,也在良心和上帝的面前具有约束力的准则。这样,霍布斯在他探究之初

---

① 《论公民》,第六章,第 14 节,第 83—84 页。霍布斯把认为"主权者要服从民约法"的观点列为煽动性理论之一,见《自然法和政治法原理》,第二部分,第八章,第 6 节,第 136 页;《论公民》,第十二章,第 4 节,第 153—154 页;《利维坦》,第二十九章,第 212—213 页。

列举的那些自然法就不是一个表面的作秀。正当理性的命令至少对主权者是有约束力的。

让我们更为仔细地看一下。霍布斯反复重申主权者有服从 [138] 自然法的义务。但是,他只是将其作为某种显而易见、却又是次要的事情附带提及。在《论公民》的一个脚注中,霍布斯在论及主权者是否有可能做出违法行为的问题时说:"首先,尽管按照法,也就是说,不侵犯法律,他可能会做这样的行为,但他不可能正义地做,也就是说,做这样的行为而不违反自然法则,并且不伤害上帝。"①在《利维坦》中,他说:"主权者除了自己是上帝的臣民,因而必须服从自然法以外,对其他任何事物都绝不缺乏权利"。在另一个地方,他说:"诚然,所有的主权者都要服从自然法,因为这种法是神设的,任何个人或国家都不能加以废除。但主权者本身(也就是国家)所订立的法律,他自己却不会服从。"②霍布斯从未对这一问题进行具体的分析。但是,如果我们精确地研究霍布斯的体系,就会认识到这只是一个表面上的问题。

十

主权者确定了两种主体间的关系:与其他主权者的关系和与他的臣民的关系。当我们说主权者有义务尊重自然法时,我们的意思是说,他应当对其他主权者和他的臣民负有此种义务。但是,对于国际关系,我们可以重复霍布斯对于自然状态中个体间关系所做的推理。我们可以说,主权者只有在他尊重自然法而不伤害自己的前提下,才有尊重自然法的义务。只有他与其他主权者建立起一个高于所有主权者的权力,并且能够对一个不遵守这种法

---

① 《论公民》,第六章,第 13 节,第 80 页。
② 《利维坦》,第二十一章,第 139 页;第二十九章,第 212 页。

律的主权者实施强制性权力时,他才能确保这一点。不过,同时,只要自然状态还在国际关系中存在,[①]主权者就没有义务通过使自己单方面地服从于那个崇高但又不便的理性的命令,以危及自己的生命和国家的保全。因此,自然法在主权者与[139]其他主权者之间的行为方面是没有效力的。

在主权者与他的臣民的关系中,自然法是否更加有效呢? 如果我们想要赋予主权者遵守自然法的责任以一种法律意义,那我们就必须承认臣民有不服从的权利,即反抗主权者发布的任何违背自然法的命令的权利。如果我们接受这一结论,一方面,我们就要抛弃绝对国家的理论,另一方面,我们也要抛弃实证主义法律观和律法主义正义观:即至少从迄今为止我们所能理解的来判断,霍布斯一直努力运用一切可能的设置去支撑的那些理论。

但是,即便是在这种情形下,霍布斯也没有陷入自然法准备好的损害绝对国家的稳固的圈套中。在这一方面,霍布斯的学说是清晰的。主权者违背自然法并不授权臣民不服从。他用以支持这一论点的根本论证如下:每一个臣民通过签署契约,即有义务服从主权者的所有命令,不做主权者禁止的任何事情。也就是说,每一个臣民都授予了主权者决定什么是正义和什么是不义的权力。因为契约的结果就是:每一个臣民都要把主权者的行为视为他们自己的行为。这样即可推出,所有命令之事,因其被命令,即为正义。因此,主权者不可能对他的臣民犯错或做不义的事情。如果主权者违反了自然法,例如,把无辜之人处死,[②]这是他对上帝犯错,而不是对臣民犯错。由于主权者不可能对臣民犯错,因此臣民便没有反抗的权利,这种反抗是对一个被认为是不义且[140]不合法的

---

① 霍布斯把国际关系视为自然状态的一个典型实例。

② 在《利维坦》,第二十一章,第 139 页中也一样。霍布斯在另一段话中解释说,惩罚无辜臣民违反了三条自然法:规定通过报复实现将来利益的法律;禁止忘恩负义的法律和命令公平的法律(《利维坦》,第二十八章,第 207 页)。

行为做出的正义且正当的反应。这里,霍布斯清晰地表达了自己精妙的观点,没有给他的主张留下任何质疑的余地:

> 诚然,一个主权君主或主权议会中的大部分人可能违反自己的良知,因追求私欲而下令做许多事情,这是违背信任或者自然法的行为;但这并不足以授权任何臣民与主权者作战、指责主权者不义,或是以任何方式毁谤主权者;因为他们已经对主权者的一切行为都做出了授权,而且在授予主权权力时,就已经使这些行为成为他们自己的行为了。①

这一点确实有一个众所周知的例外。当主权者的命令危及臣民的生命时,臣民的服从义务即告终结。这意味着除了危及他自己生命的那些命令外(例如,一个死刑判决),臣民必须服从其余的所有命令。如果我们还记得霍布斯体系的前提的话,那么这一反对观点的基本原理就是显而易见的了。对人而言,最根本的价值在于生命。人类建立国家的唯一目标在于压制自然状态,在自然状态中,人的生命永远受到普遍的战争的威胁。为了保全自己的生命,每一个人都接受国家的严格纪律。除了对自己生命的权利以外,他放弃了他在自然状态中享有的所有权利。因此,如果国家危及到他的生命,那么他便不再受到服从契约的约束。我们可以引用卢梭的话说,对霍布斯而言,有一种自然权利(即对生命的权利)是不可转让的。生命权之不可转让,其方式与结果,与标明卢梭的自由权利的方式和结果是一样的。但是,我们不要忘了,臣民的反抗权与主权者不得把他认为应当判处死刑的人判处死刑的责任是完全不一致的。

贝卡利亚(Cesare Beccaria)同意霍布斯的前提假定,但他得出

---

① 《利维坦》,第二十四章,第162页。

的结论却是死刑是不可接受的。他问道："每个人在对自己的自由做出最小牺牲时,[141]怎么能够想像会把居于众善之首的生命也搭进去呢?"①相反,霍布斯只承认臣民可以反抗那些执行死刑判决的主权者。但是,霍布斯并不否认主权者有权对臣民定罪,对(甚至是正当地)不服从的臣民执行有罪的判决。主权者的权利与臣民的平等而又相反的权利相冲突。我们如何解释在这种情形下所发生的事情呢?我们注意到,主权者与臣民之间的信约(covenant)已然遭到破坏。双方都退回到自然状态,也就是说,每个人在其中享有与其力量相称的权利的状态。被判死刑的臣民有权使用武力以逃避死刑的执行。主权者为了看到他的命令得到执行,有权使用武力。两者就像在自然状态中一样,谁强谁赢。命令我们"必须寻求和平"的第一条自然法证明公民的反叛是正当的。但是,这条自然法根本就没为主权者设定义务。我们再次看到自然法在何种程度上只是一句空话(*flatus vocis*)而已。正如已经指出的,自然法在公民社会中是没有效力的,因为实定法完全取代了它。它在自然状态中同样也是没有效力的,因为在自然状态中,除了功利和武力的法则之外,别无其他有效的法则。既然人类不可能有第三种生存状态,那么自然法也就没有可供实施的具体领域了。它在自然状态中尚不存在,在公民社会中已不复存在。自然法在任何地方、任何时间都不在场。

十一

至此,自然法的效力问题似乎不再存在。自然法在自然状态中尚无效力,而在公民社会中则又不再有效。但是,我们现在必须

---

① 《论犯罪与刑罚》,纽约:博布斯-梅里尔(Bobbs-Merrill)出版社,1963年,第十六章,第45页。

去考察在自然状态到公民社会的过渡中(即在国家建立的那一时刻)到底发生了什么。霍布斯的真正教导是,主权者一旦设立,只有[142]通过他的权威发布的规范才是有效的。① 但是,主权权威的渊源是什么呢? 换言之,什么为约束臣民服从主权者的规范的效力奠定了基础呢?

　　在这一点上,我们同意凯尔森的观点。② 凯尔森认为,一个规范要么必须本身就是自明的,要么它的效力必须有某种基础。一个规范的效力基础只能来自另一个规范,因此,后一规范就被称为上级规范。在霍布斯的体系中,规定臣民必须服从主权者的规范要么本身就是自明的,要么必须以另一个比它更高的规范为基础。霍布斯选择了后一解决方案。根据霍布斯的说法,规定臣民必须服从主权者的规范的效力来自这样一个事实,即臣民通过社会契约放弃了他们的权利,并把它们转交给主权者,这样就授予了主权者发布法律规范的权力。这样,这种规定臣民必须把发布命令的绝对权力授予主权者的规范,就为规定服从的规范提供了效力基础。但是,对霍布斯来说,这种规范是一条自然法。更加准确地说,按照《论公民》③的文本,它就是推出其他自然法的第一条自然法。由此可以推出,一条自然法提供了整个实定法体系的效力基础。

　　霍布斯顽强地与他的观念中残存的自然法理论作斗争;他详尽地阐述了一个简洁而又一贯的实证主义法律理论;但是,他又不得不扪心自问:什么为整个实证主义法律体系的效力提供了基础。下级的实定规范诉诸上级的实定规范,而上级的规范自身又都是实定的。但是,我们必然会到达某一点,在这里,我们能够找到最

---

① 我们已经指出,这一点也适用于法律实证主义。

② 《国家与法的一般理论》,剑桥:哈佛大学出版社,1945年,第110—111页。

③ 在《利维坦》中,这一规范作为第二条自然法而被提到,见第十四章,第85页。

高的规范。再也没有其他实定规范为这种规范的效力提供基础，相反，它自身就是所有其他规范的效力的基础。这一最高规范就是这个实证体系的最终基础。因此，最高规范本身就不能是一个实定的规范，因为［143］它和其他从它推出来的规范的基础并不相同。

一个在其研究中公开拒绝提到自然法理论或者至少是将其暂时搁置起来的现代法律实证主义者，只会说这种最高规范是一个特定的法律体系的基本规范。他还会说，这个基本规范不再是一个绝对有效的规范，而是一个假定的规范，它允许我们建立起一门客观的实定法科学。相反，从霍布斯的倾向和推理方式来看，他是一个法律实证主义者，但从必然性来看，他是一个自然法理论家。因此，他认为支撑实证主义法律体系的最高规范是自然法。尽管他一建立起实证主义的法律体系就清除了来自自然法的所有干扰，但是他不得不把自然法设置为那一体系的基础。也就是说，正当他明确地逃离自然法理论之时，他又落入了自然法理论的怀抱之中。

我们可以通过与现代法律实证主义者的观点进行比较，把这种观点所带来的结果总结如下。因为现代法律实证主义者把最高规范看成是一个假定规范，因此也就把作为其研究对象的特定法律体系视为一个可能的法律秩序。霍布斯则把他所描述的法律体系看成是唯一可能的法律体系，因为他认为最高规范是自然法。有别于假定的规范，自然法本身即具有普遍主义和绝对主义的特征。我们不应当对这种差异感到惊讶。因为在法律实证主义者背后，有当代科学的相对主义观念。而在霍布斯背后，则是 17 世纪理性主义所特有的绝对主义科学观念。现代科学家并不关注他的研究前提；他接受这些前提，作为他的研究的可能的指导原则。尽管霍布斯拥护契约主义（conventionalism）和唯名论，但是他仍然响应时代的理性主义召唤，怀有建立一个像几何学一样绝对有效的(也就是说,像人们认为几何学所具有的有效性一样有效的)政治学体系的雄心壮志。但是,[144]他只有一种赋予其体系以绝对的有效性的方式。他不得不把这一体系放在自然法的基础之上,也就是说,放在一种法律之上,此法律要么像数学公理一样本身就是自明的,要么可以从其他本身自明的自然法中理性地演绎出来。

十二

对霍布斯而言,确立个体同意放弃他们的至上权利并将其转移给他人的国家基本规范具有绝对的效力。它之所以具有这种绝对效力,是因为这一法律是另一条自然法(也就是规定人们要寻求和平的第一条、同时也是最高的自然法)的逻辑结果。① 然而,霍布斯并未把第一条、同时也是最高的自然法则描述为自明的。相反,他是通过对人的自私天性的研究而证明其正当性的。这一研究为他对自然状态的著名描述做好了准备,并使他得出了这样的结论:自然状态不可忍受,人类必须要从自然状态过渡到公民社会。

我们可以说,霍布斯不像现在的法学家,他要关心他的研究的前提,由此,他建构了一个为实定法秩序提供基础的理性的自然法体系。但是,我们也可以说,他向自然法做出了一个理性主义者所能做出的最小让步。一个真正的自然法理论家并不仅仅把自然法问题看成是一个实定法的基础的问题,即实定法是建立在普遍的(自然的)法律的基础之上,还是建立在有限的有效性原则之上,或者甚至是建立在约定之上的问题。对一个自然法理论家来说,自

---

① 从第一条自然法推出第二条自然法的方式不同于从一条实定法推出另一条实定法的方式。在后一情形中,按照凯尔森的术语来说,推导是形式的,或是通过授权的,而在前一情形中,推导则是实质性的。

然法问题重要得多，并且关心是否还存在着另一种与实定法并列的法律的问题。这种法律即使不是高于实定法，那也是与实定法平起平坐的，并且如果实定法与之发生冲突的话，那么公民、法官或是其他权威是可以诉诸于它的。我们已经尽力表明，这一自然法观念是霍布斯所不能接受的。[145]霍布斯不接受存在两种法律的观点；也就是说，就像今天继续存在并且复兴的自然法理论家们所说的那样，存在着一种与实定法并列并且具有约束力的自然法。对他而言，实定法就是唯一有效的法律。霍布斯除了把自然法作为实定法的基础外，就不再接受自然法。但是，他这样做，只是赋予了自然法这样的功能：证明他自己的实定法观念的绝对价值是正当的。我们可以说，对霍布斯来说，自然法本身并不是一个法律规范（legal norms），而仅仅是一个逻辑论证（logical arguments）。自然法并不型塑（shape）人的行为，它只是理性地证明为什么我们必须以这种方式而不是以另一种方式行为的理由。

这一最后的评论又把我们带回到了起点。对霍布斯来说，自然法不是法律，更是定理。更精确地说，它们不是法律规范，而是科学原理。它们不发布命令，而只是证明。它们不是强迫（或强制）的，而是旨在说服。它们不属于应然领域（在这里也采用了凯尔森的术语），而属于实然领域。自然法不是具有约束力的法律规范，而是要证明法律规范体系的效力。而这再度意味着古典意义上的自然法（也就是作为有效的法律规范体系）的瓦解。尽管如此，即使霍布斯把自然法体系简化为一个具有论证性价值而非规范性价值的科学陈述体系，实定法体系也必须要有一个规范的基础，而不仅仅是一个理性的正当性证明。如同在凯尔森那里一样，在霍布斯这里，法律秩序都会诉诸一个基本规范。对霍布斯来说，这一基本规范不仅是一个规范性的假设，还是一条自然法。这意味着，霍布斯并没有完全把自然法简化为定理，并且至少在有一点上，自然法是具有规范性价值的，而此点正好就是霍布斯整个体系的支点。

　　这条根本的自然法确立了一个赞成第三方的契约,作为国家法律秩序的规范性基础。我们进而可以说,这一规范的效力隐含了另一规范(即确立[146]"必须信守承诺"[*pacta sunt servanda*]的规范)的效力。霍布斯紧接着就把这一规范视为引申出来的自然法中的第二条。① 根据国际法领域中的一个权威理论,一个由平等主体构成的法律秩序只能承认以"必须信守承诺"这一规范作为它的基础。霍布斯接受了由平等主体构成的国家法律的契约观念。与霍布斯一样,国际关系理论家的科学传统即把这样一种基础规范看作自然法的原则。然而,在今天,一个接受这一规范的前后一贯的法律实证主义者将会努力表明,甚至这条规范也是一条实定法规范。不过,"必须信守承诺"的规范并不能从各方协议中(也就是从实定法中)推出其有效,因为它本身就是这种协议的效力的基础。因此,一个实证主义者会认为,这一规范的效力来自于习俗(custom)。但是,我们不能奢望一个17世纪的哲学家和法学家(即使是像霍布斯这样大胆的人)像今天最为大胆、最为一贯的法律实证主义者那样思考。

　　对霍布斯来说,确立联合契约的规范和"必须信守承诺"的规范两者都是自然法。这一点为下述事实所证实:在《论公民》的一个段落中,霍布斯认为其本质在于违反原初契约、而不在于违背法律的不敬罪(lèse-majesté)是一项违反自然法的罪行:"这种按照自然法来说乃是背叛的罪行,违反的是自然法,而非民约法。"②结

---

① 《论公民》,第三章,第1节,第29—30页。在《利维坦》中,这一规范被列为第三条自然法,第十五章,第93页。

② 《论公民》,第十四章,第21节,第201页。霍布斯在《利维坦》中并未有意地论述忤逆罪。他把它们列在就它们的结果而言尤为严重的罪行的段落之中(第二十七章,第200页)。但是,他并非把对自然法的违反强调为它们的典型特征,可能是因为这一陈述与他在同一章中所主张的观点相冲突。我们只是把对民约法的违反称之为犯罪;然而,对自然法的违反(尽管它会招致更多的犯罪)不能被称为犯罪(第二十七章,第190页)。由于国家情势的变化和保王党的失利,我们应当分别地分析这一观点与霍布斯主要著作中总体的政治观点之间的关系。

果，[147]对犯了不敬罪的个人的惩罚，就不必根据民约法，而是必须根据自然法进行，也就是说，不是把他作为一个坏公民，而是作为国家的一个敌人来惩罚。

十三

现在，我们就能够更好地理解我们在第 4 节中所言的含义了。自然法构成他的体系的基本规范，这一观点并不能构成反对霍布斯的法律实证主义的决定性论证。相反，这一特征反而强化了霍布斯的法律实证主义。

我们首先要问：在霍布斯的形式正义观念和他的主张（"自然法之所以有效，是因为它们是实质正义的"）之间，我们如何能够进行调和呢？我们现在可以回答说，由于继续存在的自然法并不规定任何具体的内容，因此，这种和解并不困难。它们只规定我们必须建立一个实定的法秩序，这一法秩序凭借其一己之力就可以拥有具体的内容。

其次，我们自问：如何能够在绝对国家的理论与承认国家产生之前存在自然法之间进行调和呢？在这一情形下，我们也可以回答说，这种和解是可能的，因为自然法无论什么时候要发生强制作用，霍布斯都会通过实定法规范使之中立化。在霍布斯的体系中，自然法的作用最终仅仅在于，为一个只承认实定法的国家提供有效性的根据。

至于最后一个问题：难道在霍布斯体系的起点（它由自然法体系构成）和终点（它由实证主义法律体系所构成）之间没有一种反差吗？我们可以再次作出更加确信的回答（即使它看上去是悖谬的）：没有反差，因为霍布斯的自然法的作用仅仅在于使人确信，除实定法外，并无其他任何法律存在。用霍布斯自己的话来说，这一悖论表述如下：

　　根据禁止违背协议的自然法,自然法命令我们遵守所有
民约法。若我们在知道会有什么样的秩序前就有义务遵守的
话,[148]那我们就有义务遵守一切事情了。由此可见,没有
哪个民约法会与自然法相背。①

用我们自己的话来说,在民约法与自然法之间没有明显反差,因为
自然法在命令人们服从所有的民约法时,也就命令了人们服从与
自然法相反的那些法律。这两种法律之间没有明显的反差,并不
是因为民约法不会与自然法相抵牾,而是因为规定服从国家的基
本自然法在效力方面要高于所有具体的自然法。也就是说,基本
自然法告诉我们,国家一旦建立起来,所有的自然法都将归于
无效。

　　霍布斯的思路是完满的。但是,在我们能够理解最初看起
来像是一个悖论或矛盾的东西之前,我们必须一路紧跟他的思
路。现在,我们认识到,其中既无矛盾,也无悖论,因为自然法
真正的、唯一不能消除的功能就是为"实定法外别无其他有效
的法律"之规范提供最绝对的根据,因此,霍布斯力图从传统自
然法学说中榨取的所有东西不过就是要为国家作论证,要为我
们绝对服从实定法作论证。霍布斯只在为了阐述一个连贯一
致的实证主义法律理论时,才会接受自然法。如果可以的话,
我们会说,霍布斯是把自然法用作一个手段,以便通过一种历
史论证所无法提供的论证,去证明实定法的绝对效力的正当
性。无论是在霍布斯之前,还是在霍布斯之后,自然法理论都
会是一种承认有两个不同的法律领域(尽管它们以各种不同的

―――――――――――

① 《论公民》,第十四章,第 10 节,第 190—191 页。我们可以在第十七章,第 10 节,第
267 页中读到对于这一悖论的另一论证:"除了自然法,即服从的命令外,我们的救
主没有向臣民指示任何其他治理城邦的法律。"

方式相互联系)的学说。霍布斯的自然法理论终结于一个一元论的法律观念,它否定自然法是一个高于实定法体系的法律体系。

第五章　霍布斯与自然法理论

一

[149]一般认为，自然法理论的历史应当被分为两个阶段。第一个阶段包括古典和中世纪的自然法理论；第二个阶段则为近代自然法理论。但是，我认为，近年来，关于这一转变究竟发生于何时的评价有所改变，即便是这两种自然法理论的支持者，也未完全意识到这一点。直到数年前，在 17 世纪末和 18 世纪初，经普芬道夫、托马修斯和巴贝拉克（Barberac）的工作即已牢固确立的主流学说认为，格劳秀斯是近代自然法理论的创立者。现在，这一观点已有所变化。近代自然法理论肇始于霍布斯而非格劳秀斯的信念已广为流传。其间发生了两件事情。一方面，格劳秀斯的哲学上的原创性遭到了质疑，学者们对他进行了更为仔细的研究，证实了格劳秀斯与前近代传统（尤其是与晚期经院哲学）之间的联系。另一方面，人们不再将霍布斯的法律思想视为洪水猛兽，而是怀着好奇心进行研究，并且越来越相信它富有启发性地预示了那些无论对错都是创新性的理论。

[150]让我们来思考一下双方最常用的确定和证成中世纪与

近代自然法理论之间的区别的标准。① 只有当霍布斯哲学为参照点时，所有这些标准才能经过严格的历史检验。如果我们用格劳秀斯的自然法理论对这些标准进行检验的话，那么它们就会差不多完全失去它们的论证性力量并且变得不可接受。我们可以开玩笑地说，在新、老自然法理论家之间的争论中，所有可能的论证都将不可抗拒地、不可避免地归结到霍布斯（*reductio ad Hobbesium*）这里。

我考虑了四个最常用的标准。它们可以按照以下两个标准进行划分：1）它们是否用来赞成或者反对中世纪自然法理论优于近代自然法理论；2）它们是否依赖于意识形态的论证或是方法论上的论证。我们分别将这四个标准标为 1a、1b 和 2a、2b。中世纪自然法理论的辩护者更多地运用前两个标准，近代自然法理论的辩护者则更多地运用后两个标准。在这两组标准中，第一个论证主要是方法论上的（1a 和 2a），而后一个论证则主要是意识形态上的（1b 和 2b）。

1a. 中世纪的自然法理论优于近代自然法理论，因为它从不试图建立一个完备的法规体系，也就是一个可以以几何学的方式从一劳永逸地确立起来的抽象人性中演绎出来的体系。中世纪自然法理论的自然法只有几条甚至一条必须在历史上加以完善或是具体规定的普遍原则（"应当行善避恶"［*bonum faciendum，male vitandum*]）。② 近代自然法理论是抽象理性主义的结果，它没有向人类的［151］历史发展做出任何让步；而中世纪的自然法理论则是温和的理性主义的结果，这种理性主义认为真理是人的理性对普遍理性

---

① 最好是把古典自然法理论搁置一旁，因为根据不同的情形，人们既可以用它来支持中世纪自然法理论，也可以用它来支持近代自然法理论。

② 通过次级自然法（secondary natural law）或人定法。罗门（Rommen）说自然法为规范提供了一个使人类立法者不会肤浅的框架，见《天主教思想中的国家》（*Lo stato nel pensiero cattolico*），米兰：久弗瑞（Giuffrè）出版社，1959 年，第 78—79 页。

的不断适应,接受历史的发展并且证明它是正当的。那些久经沙场的天主教自然法理论家们不接受失败,相反,他们在这些年发起了比以前更为猛烈的进攻。我们非常了解他们是如何样坚定地宣称近代自然法理论是反历史的,同时也坚定地宣称与历史和解的经院主义自然法理论比那些自称近代的自然法学说还要近代。

如果让我们考虑一下这一论证,就会说第一个试图建立一个从一条原初的伦理假定(基本自然法)得出次级规定(衍生的自然法)的演绎性法律体系的思想家是霍布斯,而非格劳秀斯。格劳秀斯在他的《序言》(Prolegomena)(第 8 节)中的目的并不是要阐述一部永恒的法典,而是仅仅草拟出一个宽泛而又灵活的共同规则的清单,如不拿属于他人的东西,归还属于他人的东西,信守诺言,弥补损害,接受对违法的惩罚。相反,在《论公民》第二章和第三章,在《利维坦》第十四章和第十五章,霍布斯非常自信且有些冒昧地描述了自然法的实际列表,在《论公民》中,他甚至列入了禁止醉酒的禁令。无论人们如何谈起 18 世纪的抽象理性主义及其一劳永逸地确定自然权利的主张,但是,我从未见过任何一个思想家像霍布斯那样大胆地承担起费力不讨好的普遍立法者的角色。

1b. 近代自然法理论家不再从“人天生就具有社会性”这一假定出发,而是强调他们的自私天性,考虑的是自然状态中的孤立的个体,而非社会中的个体。这样看来,中世纪的自然法理论要优于近代的自然法理论,因为后者表达了[152]这样一种关于人的观念,它把人描述为狭隘的、特殊主义的、原子主义的等等。它创生了一种特殊的政治理论,也就是处处都在衰退中的自由主义。经院的自然法理论的拥护者把它表述为一种人格(person)的伦理学,它与启蒙运动和功利主义的典型表达的个体(the individual)的伦理学相对立。启蒙运动和功利主义把它描述为一个与原子主义的社会观念相对立的社群主义的社会观念。他们认为这样一种观念提供了一种与积极的、而非仅仅消极的近代国家的任务更加一致的关于人类和历史的见解。

　　从这种观点来看,甚至比 1a 的观点更为清晰地(表明),正是霍布斯而非格劳秀斯代表了这个转变的时刻。如果我们考虑一下这个区分中世纪与近代自然法理论的标准,则格劳秀斯显然与之无关,而霍布斯才是与之完全相关的。格劳秀斯不甚严格的前提假定是社会性欲望(*appetitus societas*)的假定。这是 16 世纪的经院主义者依然坚持的亚里士多德和托马斯的"政治动物"(*zoon politikon*)观念的模糊表达。霍布斯从自然状态的非社会性个体出发。这种个体在生活中总是怀疑自己受到他人的欺骗和伤害,他因为害怕别人在他们之前违反自然法,而不遵守自然法,并且永远受伤害他人的意志(完全与社会性冲动相反!)的驱动。霍布斯从《论公民》第一页开始,在该书第二版的一个注释中回应传统主义者对他一致反对时,一如既往地谈到了这一点:"因为那些想要更加深入地考察人为什么要寻求走到一起并且乐于彼此陪伴的原因的人将会很容易发现:其之所以发生,不是因为它只能如此自然地发生,而是偶然地发生的。"①

　　2a. 近代自然法理论优于中世纪自然法理论,因为前者依赖于一个新的理性概念,[153]这种观念更灵活,并且更加适合于宇宙中的人的新概念。近代自然法理论也依赖于一个新的自然观念,在这里,自然不再是由上帝创造的宇宙秩序,而仅仅是人们为了规范他们的社会生活而必须予以考虑的一整套环境的、社会的和历史的条件。如前所述,随着理性和自然概念的变化,"自然法不再是人类由以参与宇宙秩序或者贡献于它的途径,而是变成了社会生活的理性技术"。②

———————

① 《论公民》,第一章,第 2 节,第 3 页。
② 阿巴尼亚诺(N. Abbagnano),《哲学词典》(*Dizionario di filosofia*),都灵:"乌泰特"出版社,1961 年,见"法"(Diritto)的词条,第 254 页 b 面。

如果没有霍布斯哲学,那么这样一个区分新、旧自然法理论的标准就是不可想象的。霍布斯再次构成了必要的一步。霍布斯第一个构建出了理性即计算的理论。尤其对社会中的人而言,理性就是一种功利计算,它使我们通过契约与其他人联合起来形成公民社会。它是一种促使我们为了把确实好、但缺乏实际效力的自然法,转化为仅仅因其至少具有实际效力而是好的(也就是有利的)、并且保证和平这一最高价值得到实现的实定法而创造条件的计算。霍布斯第一个不仅仅像前人(包括格劳秀斯)那样把一般诫令归于自然法,而且还列出了一个长长的主要是从战争法则引申出来的自然法清单。这样,他就对他自己的命题——"自然法不过是功利计算的产物①,是理性为了使和平的社会生活成为可能而创造出来的策略"——进行了检验。在格劳秀斯的著作中,除了对当时流行的讨论进行了贫乏的反思外,并不存在理性的理论。正如法索(Fasso)曾经成功地表明的,甚至是他的名言"即使上帝不存在"(*etsi daremus non esse Deum*)也是一条经院主义的格言。对格劳秀斯来说,自然法仍然是他反对功利主义和道德[154]怀疑主义的主要堡垒,因为他把自然法看成是一个对于人们参与其中的不变的理性秩序的反思。在格劳秀斯看来,与民约法的历史有效性相比较而言,自然法与被理解为神圣秩序的自然的一致性②保证了它的普遍有效性。

2b. 近代自然法理论优于中世纪自然法理论,因为后者几乎完全从出自自然法的义务的视角看待自然法,而前者则考察自然法所赋予的权利。③ 所有人都接受自然法的功能就是为主权者的

---

① 也正是在这一新的意义上,它们是正确理性的命令(*dictamina tectae rationis*［dictates of right reason］)。

② 即使这一秩序也是由神圣理性而非神圣意志所创造的。

③ 见列奥·施特劳斯,《自然权利与历史》,芝加哥:芝加哥大学出版社,1953 年,第 182—183 页及其引用的作家;亦可参见登特列夫(Alessandro Passerin d'Entrèves),《自然法》(*La dottrina del diritto naturale*),米兰:科穆尼塔(Edizioni di Comunita)出版社,1954 年,第 76 页及以下。

权力设限。但是,根据传统观念,自然法是通过声明主权者负有不违反自然法的义务来实现这一功能的。然而,近代自然法理论却首先承认臣民享有反抗违反自然法的主权者的权利,这样一来,就把主权者的义务从一种不完全的义务变成了完全义务,从一种内在义务变成了外在义务。其后,近代自然法理论不再把主权者遵守自然法的义务看成是限制国家权力的原初基础。相反,是国家产生前就存在的一系列大大小小的个人权利提供了这种基础。这些个人权利就是所谓的自然权利,它们被认为是主权者之所以有义务遵守自然法的理由。

对于这一点,学者们是一致同意的。自然权利理论是与霍布斯一同诞生的。在格劳秀斯那里,没有自然权利理论的迹象。当格劳秀斯这个大家公认的自然法理论的奠基人讨论主权者的时候,主要关注于驳斥那些认为"主权以人民为基础"的人的观点。为了否定这一观点,格劳秀斯诉诸各种[155]各样的论证(包括亚里士多德用来证明奴隶制的正当性的论证)。在一个出自《论公民》然后又在《利维坦》中重复出现的著名段落中,霍布斯通过指出"法律是一种镣铐,权利则是自由,它们之不同有如南北",①而坦然面对了法律(lex)与权利(jus)之间的区别问题。与法律(这里指的是民约法)所规范的领域相对立的自由领域是自然状态。因此,这一状态的典型特征是权利的存在,而非义务的存在。这些权利中,最重要的权利是对于保存来说不可或缺的生命权利和对一切事物的权利。诚然,随着公民社会的建立,个体被迫放弃了他的自然自由和大多数自然权利。这个问题我们暂时不去管它。如果我们要表明霍布斯是一个革新者的话,②那么关键在于他第一个阐述了一个完备的自然状态理论。对于那些想要把限制主权的理

---

① 《论公民》,第十四章,第3节,第186页。
② 他的创新产生了很多结果,即使是与他当初的预期相反。

论建立在完全的公民权利而不是君主的不完全义务上的人而言，自然状态就会成为他们的主要策略。

如果想要得出我们已经提出并且简要讨论过的这些主题的所有结果，我们就会得出这样的结论，即霍布斯（并且只有霍布斯）是近代自然法理论的创始人。尽管如此，也有一种关于霍布斯的思想以及他在法律理论史上的地位的解释把他看成是法律实证主义的先驱。如果我没弄错的话，这也是主流的解释。① 这样，近代自然法理论就遭遇了一个同时开始瓦解自然法理论的思想家。这确实是一个相当尴尬的困境。要走出这一困境，我们可能会有两条路可走：要么坚持认为所谓的近代自然法理论不再[156]与中世纪自然法理论有任何联系，相反，前者是后者的对立面（这是近来皮奥瓦尼[Piovani]采取的路径）；要么能够表明，尽管霍布斯对法律实证主义做出了一些更多实质上的而非形式上的让步，但他仍然是自然法理论的有力辩护者。他实质上是一个自然法理论家，这一点超出了人们通常愿意相信的程度。（沃伦德[Warrender]即遵循这一路径。）我倾向于这种不甚激烈的信念，即如果我们意识到如下几点时，那就能够解决这个问题：

> 1. "自然法理论"和"法律实证主义"这两个概念是非常模糊的术语。（顺便说一下，所有给经常反复出现的那些伟大思想潮流贴标签的那些术语都是如此。）成为自然法理论家或法律实证主义者的方式形形色色，彼此之间并非完全对立。

> 2. 尽管他的概念体系装备精良，但他比乍看之下更容易

---

① 关于霍布斯法律理论的历史编撰学的详细历史，参见卡塔尼奥（M. Cattaneo），《英国的法律实证主义：霍布斯、边沁、奥斯丁》（*II positivismo giuridico inglese*：*Hobbes*，*Bentham*，*Austin*），米兰：久弗瑞（Giuffré）出版社，1962 年，第 46 页及以下。此文作者强调霍布斯是一个自然法理论家，但是最后又认为霍布斯是"英国法律实证主义的第一个代表"（第 46 页）。

受到前后矛盾的攻击。与我所相信的，或者与我在前面的研究中使我的读者相信的相比，霍布斯要更加脆弱一些。①

我所称的"自然法理论"指的是如下两个陈述在其中一再出现的那些概念体系：

1. 除了实定法（没有哪个哲学家敢于否定它）之外，还有自然法。

2. 自然法优于实定法（在我下面将会做出具体规定的意义上）。

从历史的角度来看，我认为我们可以在三种不同的哲学和法律体系中发现这两个根本条件。它们之所以能够相互区分，是因为它们以不同的方式去设想[157]自然法与实定法之间的优先关系。因此，为了避免混淆和误解，我认为有必要通过三个概括性的命题，区分三种自然法理论：

1. 自然法和实定法处于起点与结论（或者说普遍准则与运用）的关系中。

2. 自然法决定法律规范的内容，而实定法通过使这些规范具有约束力，而使它们具有效力。

3. 自然法构成了作为整体看待的实定法秩序之有效性的基础。

---

① 卡特尼奥正确地说道："霍布斯的思想包含了几个基本的矛盾，尤其是自保的自然权利与主权之间的冲突，这两个原则都是具有绝对性倾向的。它也太过复杂，以至于不能从极端、片面的结论中得出来。"（同上，第119—120页）

这三种可能的自然法理论都是建立在对自然法如何高于实定法的不同理解之上的。根据凯尔森的著名术语，人们要么在静态理论的意义上，要么在动态理论的意义上，说一种法律①高于另一种法律。也就是说，一个低级的法律从高级的法律中要么得到它的内容（如同从一个明显的前提推出一个逻辑结论），要么得到它的效力。在这两种情形下，低级规范都没有废除高级规范的权力。但是，在前一情形下，人们会说与高级规范不相容的低级规范是不正义的；而在后一种情形下，则说它是无效的。我们可以根据自然法是否优于实定法的如下三种理由区分三种自然法理论：1) 如果自然法既为实定法提供内容，也提供效力（体系 1）；2) 如果它只为实定法提供内容（体系 2）；3) 如果它只为实定法提供效力根据（体系 3）。

1. 在圣·托马斯那里，人法被认为是从自然法的普遍准则出发而达到的结论，它从自然法那里既得到内容，又得到它的效力根据。②

2. 在一个把保证自然法规范有效的[158]功能归于实定法的体系中，③实定法的个别规范从自然法那里推得其内容，而不是其效力根据。

3. 最后，在自然法为作为整体的法律秩序提供效力根据的体系中，自然法之所以高于实定法，是因为不像体系 2，实定法不是在内容上，而是在效力上，依赖于自然法。

---

①　在这里，我用"法律"一词不仅指一条规范，而且也指整个法律秩序。

②　被认为是自然法的限定（*determinationes*）的人法的情形是不同的：只有对于它们，托马斯才说"它们只因为是人为的法律而有效"（《神学大全》，I, II，第 95 题，第 2 节）。译注：中译文引自《神学大全》，第六册，台南：中华道明会/碧岳学社，2008 年，第 54 页。

③　我们可以把洛克的理论视为这一情形的例子，尽管它只是在一定程度上近似。

　　正如已经指出的那样，霍布斯的思想远非如此简单，相反，它表面上波澜不惊，实则暗潮汹涌。尽管如此，霍布斯体系的文字几乎总是——在我看来，它的精神也总是——促使我把它解释为一个第三种类型的自然法理论。我已在另一场合说明了这一论点。① 但是，我认为通过作出一些澄清和增加一些细节，即可恰当地复活这一讨论，因为近来像沃伦德和（在一定限度内）卡塔尼奥这样的解释者已经对霍布斯作出了重新评价，说他是一名自然法理论家。

二

　　霍布斯系统阐述其政治理论的主要目的是为国家权力提供坚实的基础。当时，自然法理论的意识形态意义是非常浓厚的。因此，霍布斯认为建立国家权力的最好方式就在于表明服从主权者的责任是一种来自于自然法的义务。霍布斯声称，尽管他在他的作品中旨在证明最大限度的主权连同最低限度的反抗是正当的，但是其作品的主要主题乃是自然法。但是，他关于自然法的整个论述可以简化为这样一个结论，即服从主权者的义务是由自然法确立起来的。结果，国家一旦建立起来，对臣民而言，除了一些例外和已经[159]限定的情形外，仅剩下服从的自然义务（道德义务）而已。在这一方面，至少《论公民》的如下两段是无可反驳的："由于禁止违背信约的自然法，自然法命令我们遵守所有的民约法"，以及"我们的救主除了这些自然法以外，也就是说，除了服从的命令以外，没有向臣民显明任何其他的治理城邦的法律"。②

---

① 见前一章。
② 《论公民》，第十四章，第 10 节，第 190—191 页；第十七章，第 11 节，第 267 页。

即便是近年来出现的最为著名的关于霍布斯政治思想的著作也证实了这一点。① 沃伦德的目的不是要把霍布斯归于自然法理论传统或把他归于法律实证主义,这是没有价值的工作。相反,它是要表明自然法在霍布斯的思想中扮演了一个必不可少的角色。更准确地说,沃伦德的目的是要反驳那些一再指出霍布斯体系缺乏不同于公民义务的自然义务或者道德义务(或是在他的体系中,这种义务没有效力)的解释者。尽管如此,沃伦德最喜欢用来支持其论点的论证是,如果霍布斯不接受一种先于并独立于公民义务的道德义务,那么他的整个政治义务理论都将坍塌。道德义务来自规定信守承诺的自然法,在这些承诺中,首屈一指的就是在政治义务赖以产生的契约中所做的那种承诺。

在霍布斯的著作中,也有一些暗示和段落导致我们把他的自然法理论解释为一个第二种类型的自然法理论,即把它解释为一种在其中自然法提供规范的内容、实定法则保证规范实际有效的理论。霍布斯是这样开始他的讨论的:自然法存在于自然状态中,但是,由于这是一种典型的个体间关系不安全的状态,因此自然法通常是无效的。因此,我们就需要一种坚固的、没有问题的权力,以便使得人们可能执行自然法,从而保证他们的安全。这种开端将使我们[160]有理由相信霍布斯旨在建立这样一个法律体系:在这个体系中,自然法将会构成实质性的或主要的规范,实定法则构成次级的或认可性的(sanctioning)规范。我们可以以同样的方式来解释霍布斯的认为可以通过诉诸自然法来填补法律体系的漏洞的那种理论版本。② 在实定规范缺失的情形下,自然法将再次出现。有人认为,如果这是真的,那么这就标志着自然法决未被实定法所取代。相反,自然法的规范构成(或者说,必须构成)与之相应

① H. 沃伦德,《霍布斯的政治哲学:他的义务理论》,牛津:克拉伦登出版社,1957年。
② 《论公民》,第十四章,第14节,第194页;《利维坦》,第二十六章,第183页。

的实定法规范的基础。事实上,霍布斯也指出:"民约法……惩罚那些实际上确实故意违背自然法的人。"①

这样,霍布斯就使我们理解了,自然法作为调整行为的实质性规范总是有效的。只要立法者一劳永逸地承认它们,或者法官在立法者未曾预见到的漏洞情形中承认它们,那么即便自然法不能在外部世界进行强制,因而归于无效的话,也是如此。

从霍布斯文本的文字来看,有一个极其难懂的段落甚至给沃伦德也造成了一些问题(即便是由于其他的理由),而且特别有利于这一解释。这是霍布斯《利维坦》第二十六章中的一段,在这段中,霍布斯说自然法和民约法相互包含,并且范围一致。然后,他继续指出,除非国家存在,否则自然法就不是真正的法律,"因为正是主权权力强迫人们服从它们"。他的结论是:"民约法与自然法并不是法律的不同种类,而是它的不同部分,其中成文的部分叫作民约法,另一个不成文的部分就叫作自然法。"②

然而,在我看来,还有更多的决定性理由使我们相信霍布斯的自然法理论[161]根本而言为第三种类型的自然法理论。首先,我们可以从霍布斯的体系中推出一个一般的论证。历史上,第二种类型的自然法理论的观念是有限国家或自由主义国家的意识形态,也是反抗理论的意识形态。而霍布斯则是旨在用他的全部精力去支持绝对国家的理由。在绝对国家中,权力尽可能少地受到他人权利的限制,对国家的服从乃是绝对的服从,也就是说,没有比这更大的服从了。③ 我们看到,这种第三种类型的自然法理论版本很好地满足了理性地建立起一个绝对国家的意识形态的目的。第三种类型的[自然法理论的]根本特征包括:拒绝把自然法

① 《论公民》,第十四章,第14节,第194页。
② 《利维坦》,第二十六章,第174页。
③ 《论公民》,第六章,第13节,第80页。

视为规定性内容(prescriptive content)的渊源,以及仅仅接受它为规范的内容的唯一渊源。

我们可以轻而易举地证明霍布斯对作为一套甚至在公民社会建立以后依然有效的实质性规范的自然法的反感。[支持这种看法的]决定性段落在《论公民》中。在这个段落的基础上,我们可以正当地把霍布斯算作是伦理实证主义的最纯粹的代表。根据这种实证主义学说,法律仅仅因其为法律,就是正义的。

因此,由于辨别善恶是王的事情,因此诸如"唯有行为正义的人方才是王"、"除非王命令的是正义的事情,否则不必服从王"之类的常见说法就是邪恶的。在政府出现之前,不存在正义和不义。正义与不义的本质只与某种命令有关,每一行为就其自身的自然而言则是无关紧要的。每一行为之成为正义和不义,源自官员的权利。因此,合法的君主即可通过命令,而使他们所命令的事情成为正义的,通过禁令而使他们所禁止的事情成为不义的。①

[162]这一陈述如此严重,以至于会使我们去寻找那些温和的暗示。霍布斯似乎指的是所有可能的行为。尽管如此,我们可以认为,主权者确定什么是善、什么是恶的权力只关涉到那些无关紧要的行为,也就是那些自然法既不命令、也不禁止的行为。这一点为另一段话所证实:

> **民约法**不可能允许神法所禁止的事情,也不可能禁止**神法**所命令的事情。然而,没有什么东西可以阻止民约法所禁止的事情,哪怕它是神圣权利所许可的,即凭神的权利可以做的事情;因为尽管**低级法**不能扩大**高级法**所允许的自由,但可

---

① 同上,第十二章,第158页。在《利维坦》中:"善恶行为的尺度显然是民约法,而法官则是立法者,他始终是代表国家的。"(第二十九章,第211页)

以限制**高级法**所允许的自由。①

　　然而,我们可以引证霍布斯经常重复的《论公民》的奇特而又常常引起争论的观点来反对这一论点。前一观点涉及的正是必然的行为,也就是自然法所命令和禁止的那些行为。这种观点表明,对霍布斯而言,即便行为已经受到自然法的调整,但确立行为合法与否,仅仅是主权者的事情。"偷盗、谋杀、奸淫和所有的背信都是自然法所禁止的,但在一个公民这里,什么叫偷盗、谋杀、奸淫和背信,这要由民约法而非自然法来决定。"②从这一前提出发,霍布斯得出了一个极其[163]大胆的结论:"**任何民约法都会留意上帝指责,没有民约法……可能会违反自然法。**"③如果我们从字面上来理解这一陈述,④我们应当把它解释为:不管主权者命令或者禁止什么,它都不犯错,并且永远正确。自然法是如此普遍,而主权者解释它们的自由又是如此绝对,以至于每一条民约法都是与自然法相一致的。

　　简而言之,根据自然法理论的第二个版本,民约法包含了自然法,因此也依赖于自然法。但是,根据霍布斯的这一段落,民约法型塑(*shape*)了自然法,由此使它服从于自己的目的。在前一情形中,主权者更像是一名机械师,去发动一台已经完成的机器;在后一情形中,他更像是一个雕塑家,从原材料中塑出雕像来。

---

① 《论公民》,第十四章,第 185—186 页。卡塔尼奥提出了另外一种解释。他想要让霍布斯免于伦理实证主义的指控,而利用了《利维坦》第二十六章开篇所给出的对法律的定义,以及一些其他的段落,以表明霍布斯用的是"正义的"与"不义的",而非"合法的"与"不合法的"(《英国法律实证主义》,第 106 页以下)。在我看来,卡塔尼奥的观点就《利维坦》中给出的定义而言是可以接受的,但不能适用于我在文本中所引的这个段落。卡塔尼奥没有考虑这一段落。

② 《论公民》,第六章,第 16 节,第 85—86 页;第十四章,第 10 节,第 190—191 页;第十七章,第 10 节,第 265—266 页。

③ 《论公民》,第十七章,第 10 节,第 190 页。

④ 但是我们必须接受一些少数的例外。

　　但是,上面引述的这种论点(它在《利维坦》中消失不见了)并不是为了支持"民约法实质上独立于自然法"的论点而提出的最强有力的论点。相反,这个论证乃是出自作为霍布斯体系的一个基本要素的服从理论。霍布斯在多处都将臣民对主权者的服从叫作"纯粹的服从"。绝对主权不是一个没有限制的权力(只有上帝的权力才是),而是一个"很难想象还有什么权力比它更大"①的权力。同样地,纯粹的服从(霍布斯又称之为绝对的服从)也不是一种没有限制的服从,而是一个"人所能做到的最大"的服从。② 霍布斯所言的"纯粹服从"的意思是一种不管命令的内容,而对作为命令的命令的服从。这一服从是建立在我们的这种承诺之上:我们承诺,对于我们将命令的权利转让给他的那个人的命令,我们不会质疑,即予遵守。这种服从[164]与奴隶对主人的服从③以及伊甸园中亚当和夏娃对上帝的服从④是一样的。顺便说一下,这一类型的服从区分了作为命令的法律和建议(advice):"既然法律被遵守不是因为其内容,而是因为指令者的意志,所以法律就不是建议(counsel),而是命令(command),我们就可以这样来定义法律:法律是这样一个人格(无论是人,还是议会)的命令,它的指令就是服从的理由。"⑤

　　传统自然法理论的一个显著而又典型的特征是,它坚持"实定法只有与自然法相一致时才是有效的"这一论点。在圣·托马斯的名言中:"不存在看上去不正义的法律,因为只要它参与正义,它也参与美德。"⑥我们前面阐明的霍布斯的论点似乎都否定了这一

---

① 《论公民》,第六章,第 75 页。
② 《论公民》,第六章,第 13 节,第 158 页。
③ "任何一个在知道那些命令是什么之前就有义务服从命令的人,便完全不受限制地受缚于这个人的所有命令。"(《论公民》,第八章,第 1 节,第 109 页)
④ "在不要吃辨善恶的知识树上的果子这一戒条中……上帝只是简单地要求服从他的命令,并没有解释这一命令是好还是坏。"(《论公民》,第十六章,第 2 节,第 228 页)
⑤ 《论公民》,第十四章,第 1 节,第 182—183 页;《利维坦》,第二十五章,第 166 页。
⑥ 《神学大全》,I,II,9,95,art. 2。

理论。首先,确定什么是善与什么是恶,是主权者的事情,从而主权者命令的就是正义的,禁止的就是不正义的。因此,法律之所以正义,不是因为它与一种不同的高级法律相一致,而只是因为它是由合法的主权者颁布的。其次,如果没有与自然法相反的民约法,那就不会存在民约法与自然法之间的不一致。只有这种不一致才会允许我们认为,不管民约法是合法地,还是不合法地颁布的,它都是无效的。第三,如果臣民不管其内容如何,都必须服从主权者那作为命令的命令,那么就可以推出,不论主权者的命令(也就是他的法律)是否与自然法相一致,都是有效的。因此,难道我们不应得出这样的结论:对霍布斯来说,国家一旦建立,它的所有法律(甚至那些违背自然法的法律)都是有效的吗?难道[165]我们不应可以得出结论认为臣民有义务服从所有的民约法,甚至是那些违背自然法的民约法吗?但是,如果对这一问题作出了肯定的回答,我们还能说霍布斯是一位自然法理论家吗?难道我们不应该把霍布斯列为法律实证主义的最为彻底的支持者,而且还是伦理实证主义所代表的激进形式的法律实证主义的支持者吗?

我认为我们可以通过指向自然法理论的第三个版本并通过阐明它的所有含义来直接回答这个问题。这个版本似乎最接近霍布斯的思想。如前所述,这个版本的自然法理论的一个特别的特征是,它承认国家一旦建立,就只有一条自然法继续留存。这就是那条将服从民约法的义务强加于人的法律。这一理论的逻辑促使我们得出这样的结论:为国家权力的合法性奠定基础的一般自然法抢先就解决了自然法与民约法之间将来可能有的冲突。并且这种观点也不受霍布斯认为主权者有权决定自然法的内容这一特定论点的影响。如果自然法与民约法之间的冲突是可能的,那么遵守自然法而非民约法的公民将会违反规定服从民约法的普遍自然法。有人可能会回答说,这条普遍法律只规定了要服从那些不与自然法相违背的民约法。但是,如果情况确实如此,那么这条普遍自然法就会没有意义了,因为它只要确立一种服从特定自然法的责任就够了。换言之,如果公民具有一种仅仅服从那些与自然法相一致的民约法的义务,那么就没有必要诉诸于确立服从民约法的责任的自然法了。为了实现民约法所需的服从,只要主张服从自然法的责任就足够了。

这里提出的解释把第三个版本的自然法理论描述为这样一个理论,它旨在通过阐述一种使实定法具有正当性的自然法来保证作为整体的法律体系能够反对个体的不服从。如果这一解释是正确的,那我们就可以把这种第三个版本[166]的自然法理论看作是传统自然法理论和法律实证主义之间的一个过渡。这一解释也能说明为什么一些评论者可以以那些认为霍布斯已经是一名法律实证主义者的其他人所具有的同样的信心,认为他仍然是一个自然法理论家。① 尽管他们实质上同意其他解释者关于霍布斯思想的解释,但仍然可以持有这些不同的解释。

促使我们把霍布斯的体系纳入自然法理论行列之中的是,我们认为标志着自然法理论的每一种可能的版本的两种条件都出现在他的思想中:自然法与民约法并存,以及前者对于后者的优先性。反过来,则是优先性发挥作用的方式使我们认为霍布斯的理论接近于实证主义理论。在前两个版本的自然法理论中,自然法在实定规范违反自然法时即属无效的意义上优于实定法。换言之,规范与自然法的一致性是每一条实定规范之有效性的标准。这一点在两个版本的自然法理论当中都是如此。在第一个版本的自然法理论中,实定规范是从自然法的一般原则中演绎而来的,而

---

① “我们注意到霍布斯的一个论点——即自然法仅仅是实定法的基础和正当理由这一事实——一方面促使博比奥把霍布斯认作法律实证主义的创始人,另一方面也促使凯尔森将霍布斯视为一个自然法理论家,并且证实了他的(凯尔森的)这样一个信念,即自然法理论的主要目的就是要为实定法赋予一个绝对和神圣的基础,这是非常有趣的。”(卡塔尼奥,《英国法律实证主义》,第49页)

在第二个版本的自然法理论中,实定法保证与之相应的自然法的有效性。在这两种情形中,其结论都是实定法只有在与自然法相一致的情形下才是有效的。在自然法理论的第三个版本中,可以正当地说,自然法是优于实定法的,因为它为实定法奠定了正当性的基础并使之具有强制性。但是,这一立场的结论是,自然法是为整个实定法秩序、而不是为构成这一整体的个别规范[167]奠定合法性的基础并使之具有强制性的。国家权力建立在自然法的基础之上。但是,国家权力一旦建立,这一体系的个别规范即从主权者的权威那里,而不再是从特定的自然法中,获得它们的有效性。这样一来,个别规范即使与自然法不相一致,也可以具有效力。适用于这一法律秩序的正当性原则的东西,也同样适用于凯尔森体系的实效性原则。这一实效性原则构成作为整体的法律秩序而非其个别规范的有效性标准。这样,便可能存在没有实效但仍然具有效力的个别规范。同样地,霍布斯的正当性原则也为整个法律秩序而非个别规范提供了效力标准。这样,也就会存在即使违反自然法但有效的规范。

我之所以提及实效性原则,是想要避免霍布斯的体系与现代实证主义之间的任何混淆,而且我也想避免由于他的体系与法律实证主义理论的接近而将其误以为是当代的实证主义。我们可以把所有那些不承认自然法与实定法一同存在的理论都归于法律实证主义之列。对这些理论来说,除了实定法之外,别无其他的法律。如前所述,霍布斯把自然法确立为实定法的基础,因此他不是一个法律实证主义者。如果一个现代的实证主义者追溯实证主义法律秩序的基本规范,那么这种法律就不是自然法,而是一个假设或是一个约定的前提。如果他要寻找一个使该法律秩序具有正当性的原则,他不会在一个超出该秩序的规范中去寻找,而是会在法律秩序事实上得到服从这一经验可以证实的事实中去寻找。实际上,在当代实证主义理论中,实效性原则取代了霍布斯的普遍自然法,这样就清除了自然法理论的甚至是最后的痕迹。

三

　　如果我们不指出霍布斯绝非想要从他的前提出发得出所有可能的结论这一点的话,那么这个把霍布斯的思想置于自然法理论与法律实证主义之间的分析就会是不完善的。我们将不会[168]比霍布斯更是一个霍布斯主义者。尽管霍布斯的意图和论述有如我们刚刚分析过的那样,但是在有些情形下,霍布斯也承认反抗不正义的法律的权利。他在讨论奴隶对主人的服从时就指出:"因此,通过这种承诺,除了有违神的律法的事以外,有一种适合于被征服者对征服者的尽可能绝对的服务和服从。"①在《论公民》第三部分的开头,他简洁地概括了他的思想,并说:"对主权者只应服从,这就是说,凡是不违背上帝命令的事都要服从。"②我们知道,对霍布斯来说,自然法与神圣命令是一回事。它们之间的不同不涉及其内容,只涉及其渊源。在另一段话中,他写道:"民约法不可能允许神圣律法所禁止的事情,也不可能禁止神圣律法所命令的事情。"③尽管如此,一旦他承认这一原则,他就会通过确切地限定合法的不服从的情形和承认极端情形下才有的反抗权,尽可能地限制它的作用,以免这些决定落入个体自由裁量的范围之内。

　　众所周知,而且我们也已经多次说明,霍布斯从必须保全生命这一基本伦理原理中得出了生命权不可转让的结论。但是,我们不应忘记,霍布斯旨在保护永恒生命的权利,而不仅仅是此世生命的权利。除了危及尘世生命与永恒生命的事情以外,主权者可以

---

① 《论公民》,第八章,第1节,第109页。
② 《论公民》,第十五章,第1节,第204页;《利维坦》,第三十一章,第232页。
③ 《论公民》,第十四章,第3节,第185页。

发出任何命令。但是,如果主权者发出了危及尘世生命与永恒生命的命令,就会产生反抗权,或者引用他的话来说,"不服从的权利"。① 近来,卡塔尼奥详细地分析了涉及生命权的情形。② 但是,我们必须小心谨慎。如果我们想要从霍布斯的[169]前提中得出所有的结论,那就应该承认在这里也是主权者占了上风。因为我们已经看到,对霍布斯来说,是主权者对偷盗、谋杀和奸淫做出界定。也正是主权者决定那些为自卫而杀人或在战争中杀死敌人的行为不是杀人。同样地,主权者也可以在其他情形中(如在死刑的情况下)裁定杀死臣民不是谋杀。

就永恒生命权而言,霍布斯只向不服从的自由做出极小的让步。神圣律法要么是自然法——只有国家可以对它进行解释——要么是涉及礼拜的法律。在与后者的关系中,霍布斯分析了根据自然、《旧约》和《新约》,人在天国的义务。根据自然,在天国中的义务要么涉及崇拜上帝的约定方式,要么涉及崇拜上帝的自然方式。在前一情形下,是国家决定这些事情,而在后一情形下,国家必须使公共崇拜保持一律,并给出对所有臣民均为有效的唯一解释。"因此,我们可以断定,对所有法律的解释,不管是神法,还是民约法(上帝只以自然的方式进行统治),都是依靠国家的权威……不管上帝有什么命令,他都是通过前者的声音发出命令。另一方面……国家发出的有关荣耀上帝和世俗事务的无论什么命令,都是上帝本人发出的命令。"③

霍布斯只承认服从义务的两个例外:(1)当主权者命令臣民冒犯上帝的时候;(2)当主权者命令臣民像崇敬上帝那样崇敬他自己的时候。④ 在《论公民》第十六章中根据《旧约》简要分析对上帝的

---

① 《利维坦》,第二十一章,第142页。
② 卡塔尼奥,《英国法律实证主义》,第88页及以下,第103页及以下。
③ 《论公民》,第十五章,第17节,第222页;《利维坦》,第三十一章,第240页。
④ 然而,甚至这一例外也在《利维坦》,第四十五章,第427页中被删掉了。

义务时,霍布斯试图表明,除了上司的命令包含了对神意的否定或是强迫偶像崇拜以外,希伯来人在所有事务上都有服从他们首领的义务。霍布斯的结论是:"在所有其他事情上,他们都要服从。倘若拥有至上权威的王和祭司命令[170]去做另一些违反法律的事,这是握有至上权威的人而非臣民的罪过,臣民的义务是执行上司的命令,而不是跟他们争辩。"①在最后根据《新约》讨论对上帝的义务时,霍布斯一方面承认"臣民应当服从他们的君王或统治者,除非他们违背了上帝的命令";但是,另一方面,他又立马抛弃了上述观点:"在基督教国家,神在世俗事务上的吩咐,就是国家的法律和裁决,颁布它们的是由国家授权去制定法律和裁决纠纷的人;在属灵的事务上……就是国家即教会的法律和裁决。"②总之,"在基督教国家,在包括世俗的和属灵的所有事情上,都要服从主权者"。③

　　正如我们可以看到的,霍布斯愿意为了保证尘世生命的安全而为公民不服从留下某些余地。但是,当永恒生命的安全处于生死攸关之际时,他的自由主义成分就要更加少得多了。由于国家照看我的永恒生命,因此我照看我自己的生命。霍布斯用以加强服从原则的关键规范依然是那条规定服从民约法的[普遍]自然法。像所有自然法一样,这条自然法也是一个神圣的命令;因此,它是一条一个人如果想要拯救他的永恒生命的话就必须服从的规范。当保证永恒生命的条件之一是服从国家的神圣律法或自然法时,我们如何能够承认公民为了保证他自己的永恒生命而不服从国家呢? 这样,通过服从国家,公民就可以一石二鸟了。他同时获得了天国与尘世的和平。霍布斯体系的结论进一步证明了他更倾

---

① 《论公民》,第十六章,第18节,第249页;《利维坦》,第四十章。
② 《论公民》,第十八章,第13节,第315页;《利维坦》,第四十三章。
③ 《论公民》,第十八章,第13节,第315页。

向于第三种类型的自然法理论。在所有的自然法中,规定服从民约法的自然法占据了主导地位。这条法律的本质在于,一旦它被承认和[171]尊奉为尘世安全和永恒救赎的先决条件,它将通过奠定所有民约法的效力基础而使其他所有的自然法都统统归于无效。"因此,基督关于杀人,因此关于所有伤害任何人的方式的律法,和施以何种惩罚的律法,都命令我们仅仅服从国家。"①

　　本文的出发点是通过各种不同的路径承认近代自然法理论是以霍布斯为开端的。它的终点则在于承认霍布斯的自然法理论是在为法律实证主义铺平道路,而不是为了完善传统自然法理论的大厦。然而,断言自然法理论落入法律实证主义的怀抱,这样的结论是一种误解。完全相反,真相是霍布斯发明、阐述并提炼了自然法理论的那些最为复杂的成分——自然状态、自然法、个人权利和社会契约。但是,他却巧妙地用它们建构了一台巨大的服从机器。直到洛克那里,我们才发现霍布斯运用得如此娴熟的自然法理论的方法与霍布斯反驳和拒斥的确立了限制国家权力的自然法理论的典型意识形态和谐地结合了起来。近代自然法理论通过霍布斯来到我们这里,但是唯有通过洛克方才确立起来的。

----

① 《论公民》,第十七章,第10节,第266页。

第六章　霍布斯与社会团体

一

[172]最近 30 余年来,霍布斯的思想,尤其是他的政治思想,已成为大量研究成果关注的对象。这些研究在哲学上越来越准确,历史方面也越来越丰富,理论上则越来越精妙。但是,我们还远没有探索到霍布斯在他漫长的一生中所涉及到的广博知识领域的方方面面。学者们显然主要集中于霍布斯思想的一些重大主题:自由与必然,自由与权力,自然状态与公民社会,自然法与民约法,社会契约与政治责任,臣民与主权者的关系,教会与国家的关系。然而,霍布斯的政治著作(尤其是《利维坦》)包括了对国家的组织和功能的大量的具体反思,学者们尚未对它们进行充分地研究。这些思考是一座取之不尽的、或者至少可以说是尚未发掘的宝库,其中的丰富宝藏还有待挖掘和开采。其中,我认为《利维坦》第二十二章具有首屈一指的地位。①

---

① 我比较了奥克肖特的版本与莫里斯沃斯编辑的拉丁文版本,即《托马斯·霍布斯拉丁文哲学著作全集》(*Thomae Hobbes Malmesburiensis Opera philosophica quaelatine scripsit omnia*, London:John Bohn, 1841),第三卷。我也查对了弗里科(F. Tricaud)编辑的法译本(Paris:Sirey, 1971)和萨托(Manuel Sanchez Sarto)编辑的西班牙语译本(Mexico:Fondo de cultura economica, 1980)。

[173]它用整章来讨论社会团体。如果我没有搞错的话,尽管这一章没有逃过伟大的、至今仍然不可超越的社团理论(Genossenschaftslehre)的提出者、历史学家基尔克(Otto von Gierke)的注意,但是也还没有得到应有的分析。①

这一章之所以有趣,是因为它特别是在霍布斯的主要著作中展示了他对他所处社会的方方面面所具备的广博知识,以及他在说明这些方面时的小心细致。另外,它之所以有趣,还因为它纠正了霍布斯是一个忽视个体与国家之间的中间领域的思想家的传统

---

① *Genossenschaftslehre* 是关于社团的学说。见基尔克,《社团法》(*Das Genossenschaftsrecht*),第四卷:《近代的身份理论和同业公会理论》(*Die status-und korporationslehre der Neuzeit*),1913;reprint,Graz:Akademische Druck- u. Vertagsanstalt,1959,第 355—361 页。关于基尔克,也可参见《阿尔图修斯和自然法国家理论的发展》(*Johannes Althusius und die Entwicklung der naturrechtlichen Staatstheorien*,1880)。罗马诺(Santi Romano)也提到了霍布斯对团体(*systemata*)的分析(《法律秩序》[*L'ordinamento giuridico*],附带增添的内容[Firenze:Sansoni,1945],第 26—27 页,注释 29),并且可能发现基尔克提到了他们。关于罗马诺的法律秩序理论来自基尔克的同业公会学说的问题,见福克斯(M. Fuchs)的论述(《基尔克的社团理论是罗马诺的法的一般理论的主要来源》,载《法律历史和文化资料集》,第 9 卷,第 1 期[1979 年 7 月],第 65—80 页),他采纳了塔兰提诺(Tarantino)的论点(《简论罗马诺制度主义的理论先例》,载《国际法哲学杂志》,第 64 卷[1977],第 602—604 页)。关于塔兰提诺,亦可参见《法律秩序之必要性理论:罗马诺学说解释》(*La teoria della necessità dell'ordinamento giuridico:Interpretazione della dottrina di Santi Romano*),Milan:Giuffrè,1980。就福克斯的论点而言,塔兰提诺在《制度主义:也论罗马诺学说的先例》(见《资料集》,第 11 卷,第 1 期,1981 年 7 月,第 169—180 页)中表达了他的立场。在从基尔克身上追溯罗马诺的来源方面,塔兰提诺不像福克斯那样极端,他还考虑了其他来源,如罗斯米尼(Rosmini)的《法哲学》。索尔吉(G. Sorgi)也在《参与研究:霍布斯、洛克、托克维尔》(*Per uno studio della partecipazione:Hobbes*,*Locke*,*Tocqueville*,Lecce:Mileklla,1981)第 83—88 页捕捉到了霍布斯的从属团体(*systama subordinate*)的重要性。(此文发表后,帕斯夸鲁齐[P. Pasqualucci]在《霍布斯和罗马诺,即霍布斯的社会团体理论》[Thomas Hobbes e Santi Romano ovvero la teoria hobbesiana dei corpi parziali]一文中全面探讨了社会团体这一主题,见《现代法律思想史佛罗伦萨笔记》[*Quaderni fiorentini per la storia del pensiero giuridico moderno*],第 15 卷[1986],第 167—306 页;索尔吉在《哪个霍布斯?》第 188—217 中又回到了这一主题。)

观点。这种观点认为霍布斯预示了被许多人视为近代国家之本质的一元论国家理论。在所有这些人中间,我只想提到一个[174]社群主义的多元主义的理论家尼斯贝特(R. A. Nisbet)。在他看来,"几乎没有几个作家比霍布斯对近代中央集权国家的发展产生过更大的影响"。因此,我们就会会注意到,"近代国家是一个倒立的金字塔,其顶点建立在霍布斯 1651 年的《利维坦》之上"。这一点之所以会发生,是因为"霍布斯不让家庭、教会或者其他权威团体以任何重要方式居于个体与国家的绝对权力之间"。换言之,"对霍布斯来说,公民社会仅有两个基本要素:个体与主权者"。①

霍布斯确实被认为是把国家视为个体间契约的产物这一政治理论的源头。政治领域有两大主体:一方面是作为个体的个体,另一方面是主权者。而在后者开始的地方,前者即告终结,似乎没有中间事物的空间。霍布斯的理论是二分的:我们要么是在自然状态中,要么是在公民社会中;要么是分立的持续不断地相互斗争的个体,要么是一个主权者(人或议会);权力要么分散为与自然状态中的个体一样多的那些单元,要么就是一个公共的权力。

评论者们常常注意到霍布斯的程序与卢梭的程序之间的相似性。尽管如此,霍布斯不是卢梭。卢梭指责社会团体是建构良好的共和国的缺陷。霍布斯是一个现实主义思想家,而卢梭则是一个空想家。尽管霍布斯的理论表面上简单,但他实际上是一个非常复杂的思想家。尽管他表面清晰,实则模糊;表面直接,实则迂曲。他所赋予社会团体及其种类和功能(不管是积极的,还是消极的)的重要性构成他的政治现实主义的一个特征。这表明他是一个对现实没有偏见的观察者,就像他是一个[175]致力于运用证明科学的严格方法从事国家研究的理性主义哲学家一样。社会团

---

① 尼斯贝特(R. A. Nisbet),《寻找共同体》(*The Quest for Community*),New York:Oxford University Press,1953,第 129—130 页。

体——罗马法中的 *Universitates* 或 *collegia*，德国法中的 *Genos-senschaften*——的学说史不同于国家理论史的路径。两者常为独立研究的对象。尽管如此，在一般的政治论著中，对社会团体作一些具体的分析，也并非没有先例。最为重要的例子无疑是阿尔图修斯的《政治方法汇纂》（*politica methodice digesta*）。

二

霍布斯在《利维坦》第二部分（自第十七章开始）中致力于分析国家（《论国家》）。在第二十二章之前的五章中，讨论了传统政治哲学或者说国家的一般理论的重大主题。它们分别是国家的起源（第十八章）、主权者和臣民各自的权利（第十八章和第二十一章）、政府的形式（第十九章）和政治权力以外的其他权力形式，即父权和专制权力（第二十章）。在讨论社会团体的第二十二章中，霍布斯从分析特殊的[1]国家理论开始。本章以如下语句开始："讨论了国家的产生、形式和权力之后，按顺序往下就要谈谈其各部分的情况。"[2]霍布斯旨在分析国家的两个部分：在第二十[二]章[3]中，他论述了社会团体，在后一章中，他论述了政务大臣。

我们首先应当指出，霍布斯诉诸有机体的比喻，以把这两个部分都安置于他的体系之中。他在使得《利维坦》的引言举世闻名的类比之外，又在政治体机关和人体器官之间设想了一个新的类比。在这里，霍布斯对国家进行了概述，对[176]自然身体的特征与标志着作为"伟大的利维坦"、"国家"和拉丁文的"civitas"的人造身体的那些相应特征进行了详尽类比。他两次对社会团体作出了有

---

① 英译者注：与一般的国家理论相对。
② 《利维坦》，第二十二章，第 146 页。
③ 译注：英译本作"第二十章"，疑误，当是"第二十二章"。

机论的解释。

　　a. 在本章末尾我们看到，如果社会团体是合法的话，他把它们比作肌肉；如果它们是不合法的，他则把它们比作是因邪气的不自然集中而产生的毒瘤、脓泡或烂疮。

　　b. 在后一章论述政务大臣的开头，我们读到："在上一章中，我们已经讨论了国家中（与人体）类同的部分，本章所要谈的是官能部分，也就是政务大臣。"①

　　霍布斯在最初把国家描述为人造身体时，没有提到社会团体。与肌肉的类比首次出现在第二十二章，而行政官员在这里则被具体地比作关节（拉丁文是 *artus*）。无论如何，这都是一个很不精确的类比，不是高度严格的分析。这一社会团体与肌肉之间的类比只不过证实了，对霍布斯来说，在他的作为整体的政治体的观念中，社会团体有多重要。

　　这样，霍布斯的立场的第二个特征就立马显而易见了。在最初的几行中，霍布斯就把他即将要分析的社会团体称作国家的"部分"。这意味着他不是就其自身，而是在其与国家的关系中去思考社会团体。他把国家视为一个分为许多部分的整体，没有整体，这些部分也就不能存在。在政治思想史上，就部分的社团在国家中的位置而言，有两种对立的［177］观念。一方面，是始于亚里士多德的一元论观念。根据亚氏所言，只有一个完善的社会，即政治社

————————

① 《利维坦》，第二十三章，第156页。器官部分与类似部分之间的区别来自于亚里士多德。亚里士多德仅仅基于这些部分，在《论动物的部分》（*De partibus animalium*）646a 和《动物志》（*Historia animalium*）491a 中描述了动物的各个部分。器官部分被称为异类的，要么是外部的，如眼和耳，要么是内部的，如脑和肾。后者被称为同类的，如血液或肌肉。根据亚里士多德的说法，肌肉被认为是同类的。

会。它就是城邦,①在其中存在更小的社会(societies),如家庭、村落或者任何具有特定目的的社会。② 这些是不完善的社会,它们构成整体的部分。如古人们大体上所认为的那样,在有机的国家观念中,整体是先于部分的。另一方面则是多元主义观念。根据基尔克(他详尽阐述了这两种观点之间的对比)的说法,多元主义观念源于德国的社团(Genossenschaften)传统。这一传统将集合团体(collective bodies)表现为原始团体(original bodies),并且认为它们拥有一个不同于个体成员的人格(personality)的人格。③

　　本世纪初,当法的一般理论划分为两大学派之时,一元论观念与多元论观念之间的对立又恢复了力量。这两大学派[178]分别是坚持国家是法律的唯一渊源的学派和支持法律秩序多元主义的学派。④ 既然霍布斯把部分的社团界定为国家的"部分",就必须将他归于一元论者之列。从像《利维坦》的作者这样的一个关于国家统一的如此连贯一致的理论家(和思想家)那里,我们不能指望

---

① 尽管这一类比有点牵强,但今天我们还是将其等同于国家。

② 亚里士多德在论述友爱的《尼各马可伦理学》第八卷中分析了具有特定目的的社会。他说这些共同体(koinoniai)是"政治共同体的部分",因此它们"都从属于政治;因为政治共同体所关心的不是当前的利益,而是生活的整体利益"(汤姆森[J. A. K. Thomson]译,Harmondsworth:penguin Books,1952,1160a,第 274 页)。

③ 基尔克把罗马与德国关于整体与部分间关系的观念之间的对比概括如下:"在罗马与德国的社团(corporations)观念之间存在着一个典型的对比。对罗马人而言,乡镇和社团是仿照国家的体制而建立的;而对德国人而言,国家本身表现为已经存在于社团的和权威性的协会(genossenschaftdiche und herrschaftliche Verbanden)中的那些要素的联合与成长"(《社团法》[Das Genossenschaftsrecht],第三卷,第 69 页,注释 125)。根据基尔克所言,在罗马法学家的学说中,社团属于公法的部分。这意味着它们"是从唯一原始的和至上的公法主体那里获得其特殊存在的",因此它们是"国家的一部分,并且作为这样的部分似乎在所有方面都是按照国家的样子造成的"(同上,第 69 页)。

④ 近来,不管是在意大利,还是在德国,这一主题都成为了最新研究的对象。在意大利,特别是通过罗马诺的著作,多元主义的法律体系学说获得了巨大成功。在德国,这一新的兴趣则受到了被称为"多元主义"的现象的恶化推动。在本世纪初,这一现象要为一元论国家观的危机负责。

有一种不同的立场。

<h1 style="text-align:center">三</h1>

如前所述,霍布斯在分析社会团体之前,遵照亚里士多德以来的传统,用了一章的篇幅论述家庭中家长的统治和专制政府。我们马上就会看到,家庭确实属于社会团体的范畴,因此包含在第二十二章中。但是,霍布斯追随的那些人,他们并不把对家长制统治和专制统治的具体阐述与在分析社会团体时对家庭的阐述交织在一起。因为从亚里士多德开始,家庭就会在有别于政治权力的那些不同形式的权力的现象学中、在社会的各种形式的现象学中得到考虑。

有一个更进一步的理由可以说明为什么《利维坦》中对社会团体的具体阐述对我们来说非常有趣。在他之前的著作中,他只用了一小段来讲这个主题。就此而言,这个阐述代表了一个创新。在《原理》中,它是第十九章第九段;在《论公民》中,则是第五章第十段。在这两部作品中,霍布斯在描述了盟约并且界定了政治体或公民社会以后,进入对社会团体的论证。他的目的在于指出,在同一[179]共同体所有成员共有的权力以外,在该共同体的部分成员之间,也会存在一些部分性的结社(association)。在《原理》中,它们被称为社团(*corporations*);在《论公民》中,则是法人(*personae civiles*,英文版为 civil persons)。霍布斯把公司(corporations)界定为从属性的结社,它们的目的在于"为了某种共同利益的特定共同活动,或整个城市的特定的共同活动"。简言之,他把法人(*personae civiles*)界定为"为了做特定事情"而联合起来的那些人的公司(companies)。此外,这两本书都提到了商会(*sodalitates mercatorum*)的例子,这一例子也出现在我此处分析的《利维坦》的这一章中。就它们与政治联合的关系而言,霍布斯在《原理》中写到,社会团体对于从属于它们的个体所拥有的权力的大小,为它们构成其成员的国家允许它们所拥有的权力的大小。在《论公民》中,他用了 *permittente civitate sua*(经由国家允许)这一表述。所有人都能看出,在这两部著作中,我们都是在与一些重要的暗示打交道,而这些暗示却是概略且表面的。

四

直到现在,我谈的都是社会团体,是因为我想用一个普通且又容易理解的术语。但是,霍布斯用的是另一个术语,它值得稍作评论。我们这里正在分析的第二十二章的标题是"论从属的政治团体和私人团体"[拉丁文版本中是 *De systematibus civium*]。让我们先暂时不管形容词"从属的"(subject),这个词语表明霍布斯的兴趣在于从属或者隶属于主权权力的社会团体。注意霍布斯用来指示集合团体(collective bodies)的单词是 *systems*,而在法学家的通常语言中,则称之为 *universitates*、*corpora* 和 *collegia*;在中世纪拉丁文中,又称之为 *corporationes*。在这一意义上,"systems"这一术语在英语中没有先例,至少就我们能够从词典上看到的而言是如此。那些在"*system*"下列出团体(assenmbly)之意的字典,指的就只是霍布斯的用法,并且据我所知,甚至没有指示任何之前的政治[180]作家的用法。① 顺便说一下,霍布斯本人在《利维坦》

---

① 格劳秀斯已经使用了"*system*"这一术语,但他是在国家联盟的更为狭窄的意义上使用的。"这样数个国家通过一个联盟在相互之间建立了紧密的联系,构成了我们可以称之为一个斯特拉波在不止一个地方讲过的 *systema* 的东西;而每个国家各自而言依然是一个完备的国家"(《战争与和平法》,第一篇,第三章,7)。在此书法语译本中,巴贝拉克(Jean Barbeyrac)把 systema 译为"*système ou corps composé*",在一个脚注中,他从斯特拉波那里引用了两个段落,其中"*systema*"这一术语在格劳秀斯接受的意义上使用。在这两个段落中,第一个段落涉及近邻同盟(斯特拉波,《地理志》,第十七卷,(第九卷,第 7 节,c420)[Strabonis Rerum Geo-(转下页注)

之前所写的政治著作中没有用过这个术语。

霍布斯对"团体"(system)的定义尽管有些仓促，却是非常清晰的。（之所以说它仓促，是因为它不能让我们理解到这一术语所要

（接上页注）graphicarum Libri XVII，Book IX，7，c420]）；第二个段落涉及吕西亚同盟（《地理志》，第十四卷，第 2 节，c664）。众所周知，普芬道夫像格劳秀斯一样，在论述政府形式这一经典主题的《自然法与万民法》第七卷第五章的许多段落中都谈到了 *systemata civitatum*。知识丰富、文献翔实的《普芬道夫的 17 世纪讨论：1663—1700 年》（*Discussioni Seicentesche su Samuel Pufendorf：1663—1700*，Bologna：II Mulino，1978）一书的作者帕拉迪尼（Fiammetta Palladini）博士友善地告诉我，普芬道夫在前面这本书中用同样的术语讨论了同一主题的那些段落。一是大约写于 1664 年到 1668 年之间的《论国家的团体》（*Dissertatio de systematibus civitatum*），收录于《论文选集》（*Dissertationes academicae selectiores*，1675 年），以及《德意志帝国现状》（*De Statu Imperii Germanici*，1667 年）。众所周知，霍布斯是普芬道夫思想的主要来源之一。在他使用"*systema*"这一术语时，其中有一处提到了《利维坦》的作者。普芬道夫追随格劳秀斯，把"*systema*"定义为"数个国家通过如此具体的有力联系相互连接起来，以至于尽管它们各自都在自身保持了至上权威，却像是构成了一体"。他还进一步写道："如果国家就如霍布斯在《利维坦》第二十二章中所写的那样（他在这里把国家的各个部分比作人体上的肌肉），是由数个从属的肢体构成的，那么把国家视为一个社团（system）就是不恰当的"（《自然法与万民法》，第七卷，第 5 节，16）。按照帕拉迪尼博士的理解，普芬道夫这里似乎是在批评霍布斯把"*systema*"这一术语等同于由从属的团体构成的国家。对普芬道夫来说，尽管体系（system）是内在相关的，但"system"这一术语指的是由真正国家构成的联合。法译者巴贝拉克对这一段的解释证实了这一点："从这个定义来看，我们不能像霍布斯所做的那样，将那些由几个从属性团体构成的东西看成是国家。"实际上，霍布斯并不只是把由较小的政治和社会团体构成的国家叫作"*systema*"。他还更为一般地在第二十二章开始给出的 *systama* 的定义的意义上用它去指代任何政治或社会的团体，包括国家，不论是结合起来的国家，还是简单的国家。在普芬道夫所能利用的拉丁文版本中，这句话是："按照我的理解，团体（*systama*）就是在一种利益中联合起来的任何数目的人"。但是，上引普芬道夫《论国家的团体》中的一个类似段落似乎证实了他对霍布斯语言中的 *systema* 的运用的限制性解释："因此，显而易见，一个真正的国家就不是一个体系（system），因为它是由许多从属的团体构成的，霍布斯把这些团体称作'*systema*'，并把它们比作人体中的肌肉。"（第 8 节）我再次援引帕拉迪尼的看法，普芬道夫至少在一个语境中，在 *corpus* 的一般意义上使用了"*systema*"这一术语。在谈到道德实体（*entia moralia*）时，他把他们叫作"道德人格，他们要么是分离的个体，要么是那些通过道德纽带结合在一个团体中的人们"（《自然法和万民法》，第一卷，第一章，第 12 节）。［英译者注：引文由译者翻译］。

指明的现象的种类、幅度和复杂性。)他写道:"根据我的理解,团体就是在一种利益或[181]事务中联合起来的任何数目的人。"①霍布斯在他的"团体"及其同义词"*universitates*"中所包含的是一些公共机构,如省或乡镇,也包括宗教团体、商业公司或行会。我们可以认为霍布斯想要用"利益"(interest)这一术语指示公共机构的目的;用"事务"(business)这一术语表明私人结合的目的。但是,无论如何,这一定义都太过贫乏,以至于能使他描述一种复杂的现实。我们只要分析一下霍布斯第二十二章大部分内容所讲的类型学(这个类型学构建得很好,表达得也很清晰)时,这一点就显而易见了。

为何用"system"[这个词语]? 我们不应忘记霍布斯精通古典希腊语。他的学者生涯始于翻译修昔底德,而终于翻译荷马。在古典希腊语中,*systema* 不仅仅指无生命的部分的集合,也指一群人。因此,它就指会议、议会、大会等等,也指一群共同体,像我们今天所说的联邦和邦联。我们可以在亚里士多德、波利比乌斯和普鲁塔克那里,也可以在将其用作专门术语的法律语言中发现"*systema*"这一术语的这些含义。在用拉丁文和希腊文同时写成的《国法大全》(*Corpus Juris Civilis*)中,*systema* 对应于 *collegium*。我们仍然会奇怪,在霍布斯可以使用那些已经在英格兰广泛使用的拉丁术语时,并且他自己也在他[182]之前的著作中使用了拉丁术语,为什么却在他的拉丁文版本中使用"*systema*"这样一个明显是具有希腊思想的术语。研究霍布斯思想的一个学者曾提出这样一个假设:拉丁版本的《利维坦》尽管出版较晚,但却是写在英文版之前。然而,霍布斯对"*systema*"这一术语的使用可能会使我们拒绝这一假设。②

---

① 《利维坦》,第二十二章,第146页。
② 这是胡德(F. Hood)在《托马斯·霍布斯的神圣政治:对〈利维坦〉的一个解释》(*The Divine Politics of Th. Hobbes:An Interpretation of Leviathan*,牛津:克拉伦登出版社,1964年)中的假设,见第54页及以下。

五

如前所述,霍布斯在第二十二章分析了那些从属于国家(拉丁文是 *surbordinata*)的团体(systems)。霍布斯在包括所有类型的联合这个一般意义上使用"团体"这一术语,以及与之相应的传统术语,如希腊语的 *koinonia* 和拉丁语的 *societas*。它也包括政治联合、亚里士多德的政治共同体(*koinonia politica*)和至少一直到康德为止那些追随亚里士多德的脚步的中世纪和近代政治作家们的公民社会(*societas civilis*)。① 因此,霍布斯必须要在团体这个一般的范畴下,在"绝对的和独立的团体"和"非独立的团体"之间作出区分。社会团体是非独立的团体。独立的团体是那些除了服从它们自己的代表之外不服从其他任何人的团体。这是一个只有一个成员的种类。对霍布斯来说,只有国家才属于这一种类。②

霍布斯用两个相互加强的形容词"绝对的"和"独立的"来修饰独立的团体。"绝对的"涉及主权者对其臣民的权力,它意味着主权者不受他用来规范臣民行为的那些法律的约束。"独立的"是就其他主权者而言的主权者的权力,它意味着每一个主权者就像自然状态——它是一个相互独立的状态——中的个人一样,享有同样的地位。相反,所有其他团体都是从属性的团体。因为,除了[183]国家外,所有的其他团体都是"从属于某一主权权力,每一个团体和它们的代表都处于这个主权权力之下"。③ 这一语境中的

---

① 关于"公民社会"这一术语的历史,我参考了我为《政治学辞典》(*Dizionario di politica*,都灵:"乌泰特"出版社,1976)和《伊诺第百科全书》(*Enciclopedia Einaudi*,Turin:Einaudi,1981)第八卷所写的两个"公民社会"(*Società civile*)的词条。

② 只对霍布斯适用,因为霍布斯批评的那些政治理论家通常也会认为教会是一个独立的团体。

③ 《利维坦》,第二十二章,第146页。

关键术语是"代表",我稍后将回到这一主题。眼下只说这么多就够了:只要构成团体的那些个人承认一个自然人或一个会议为他们的代表,那么一个团体就是一个真正的团体。霍布斯把这些团体称之为"正规的团体",以区别于非正规的团体(见下面)。在这一关键限定的基础上,国家也就成了团体。也就是说,他们是只有一个代表(主权者)的一群个体,而社会团体(准确而言,就是正规团体)则是其代表依赖于一般团体的代表的团体(或者一些个人的群体)。换言之,个体,作为国家臣民,除了主权者外,没有其他代表。作为一个家庭的成员,他承认家长是他的代表,而家长又承认地位高于他的主权者是他的代表。

这一区分并不新鲜。它如实地反映了一元论的权力观念,这种观念在霍布斯这里得到了一贯而又顽强的支持。它是对中世纪法学家们所熟知的"承认位居人下的国家"(*civitas superiorem recognoscens*)和"不承认位居人下的国家"(*civitas superiorem non recognoscens*)之间的旧的区分的一个改造。

六

在霍布斯得以界定第二十二章的主题①的第一个一般区分以后,紧接着就是社会团体的类型学。这需要作一些评论。

尽管社会团体的类型学并未不像政体的类型学那样得到严格整理,但是若干世纪以来,它都是一般法人团体(corporations)学说的一部分。在亚里士多德的《政治学》形成的那些世纪中,政体类型学流传了下来。法人学说则是法学家们以严格的法律目的来阐述的,目的[184]就是调整法人团体的成员与作为整体的法人团体之间、法人团体与其他可能与之建立关系的法人之间的关系。

---

① 霍布斯非常小心地告诫读者说,他已经在前五章中分析了绝对和独立的团体。

因此,其分类标准就只是法律上的。它们涉及到作为法律主体的
法人团体。也就是说,它们确定,在何种意义上与何种范围内,法
人团体可以被视为一个权利主体,以及可以被视为享有何种权利
的主体。这种提醒是必要的,因为我们所熟悉的社会团体类型学
是社会学家和人类学家们做出来的,他们采用的标准完全不同。
他们的标准要么考虑的是种种社会团体的各类结构,要么考虑的
是它们的不同功能。例如,我们看一下滕尼斯和涂尔干(Durck-
heim)的两个重要的二分:社会(society)与共同体(community)、
机械的团结与有机的团结;或是韦伯在《经济与社会》开始的那些
段落中的更为清晰的分类。

在法学传统中,社会团体的分类区分了私人机构(agencies)
和公共机构、拥有法律人格的机构和没有法律人格的机构,以及
(按照基尔克的术语)统一原则来自内部的机构(körperschaften)
和统一原则为外部强加的机构(Anstalten)。我们考虑一下阿尔
图修斯在他的伟大政治著作中提出的分类,可以认为,这种分类是
一个关于社会团体(consociationes)的一般理论。他从法律世界的
重大二分——私人与公共的区分——开始。从这一区分出发,生
发出了一系列次要的二分,这些划分最终提供了一幅将我们能够
纳入团体(consociationes)一般范畴之下的所有机构都包举无遗的
完整地图。

从这种观点来看,霍布斯的类型学根本就不是创新,因为他完
全依赖于法学标准进行阐述。尽管对霍布斯的法学知识来源的研
究至今还完全不能令人满意,但是我们已经多次指出,霍布斯是法
律思维方面的行家里手。

所有霍布斯用以建构他的次级团体类型学的次级区分明显都
是法学上的区分。第一个[185]次级区分就是私人团体和公共团
体之间的经典区分。(霍布斯称后者为"政治团体"。)第二个次级
区分只涉及私人团体,它也是一个经典区分,即合法的私人团体和

不合法的私人团体之间的区分。公共团体由于其本性而总是合法的。它们由主权权力建立,只因主权权威而存在。私人团体可能合法,也可能不合法,因为它们是由臣民自己或外国主权者建立的。外国主权者在本国是公共权威,在别的国家则是私人个体。合法的私人团体是主权者许可的那些团体;不合法的私人团体则是主权者禁止的团体。霍布斯没有告诉我们,那些外国权力建立的团体是否总是不合法。然而,他提供了合法的私人团体的例子,它们就是臣民之间建立起来的团体,如家庭;不合法的私人团体的例子,如乞丐、小偷和吉普赛人的帮会。但是,由外国人的权力所建立的私人团体的例子,他只列举了不合法的团体的例子。其中一个例子是,一个国家在他国领土上为了摧毁其合法权利而建立的党派。(一个当代读者可能会立马想到一些国家为了禁止建立与苏联正式结盟的共产主义政党而给出的官方理由。)我们可以引证一个国家在别国领土上建立公使馆的例子。公使馆是得到承认的,因此就是合法的。但是,公使馆是公共团体。

合法与非法的私人团体之间的区分也可以让我们弄清楚由其本性而合法的公共团体或政治团体与合法的私人团体之间的区分。公共团体由主权权力建立,合法的私人团体则是由特定团体的成员自己建立。主权权力仅仅是许可和容忍它们,更简单地说,就是不禁止它们。在第二十二章开头,霍布斯精炼地说,这些私人团体是为主权权力所"允许"的。后来,他具体地指出[186]:"合法的正规私人团体是那些在组成时除开所有其他臣民共同遵守的法律外,没有其他特许状或书面证件的团体。"①霍布斯把不合法的私人团体界定为个体在根本"没有任何公共权威"的情形下联合而成的团体,因此就用了一个与界定合法的私人团体一样的表达("没有其他特许状或书面证件")。这样一来,这个定义就不是很

---

① 《利维坦》,第二十二章,第153页。

清楚了。它们的区别可能仅仅在于,合法的团体是由规范所有其他人的那些同样的法律所规范的,而不合法的团体则要么逃避、要么违反那些法律。无论如何,霍布斯的陈述都太过概略,以至于我们无法更加深入地分析这一主题。对于说明他的区分来说,他的例子要比定义更好一些。

七

这三个区分中,最为有趣的是正规团体与不正规的团体之间的区分。正规团体是那些有一个代表,因此建立了一个道德人或人造人的团体,其他的团体都是不正规团体。即便独立团体只是正规团体,这一区分与独立团体和不独立团体之间的区分是不一样的。[其次,]即使霍布斯所举的不正规团体的例子都是私人团体,这一区分与私人团体和公共团体之间的区分也是不一致的。[再次,]它与合法团体和不合法团体的区分也是不一致的,因为正规团体和不正规团体都有可能是合法或不法的。区分正规团体与不正规团体的标准是代表。区分合法团体与不合法团体的标准是授权。因此,也就可能存在经过授权或未经授权的团体是有代表或无代表的情况。换言之,经过授权的团体可能有代表,也可能没有代表,同样,未被授权的团体也可能有代表,或是无代表。

正规团体与不正规团体的区分之所以有趣的第一个原因是,它是建立在[187]代表原则之上的。霍布斯在《利维坦》第十六章中对此进行了论述,它非常难懂,并不总是容易解释。这一章的中心主题是自然人和人造人这两种人的区分。自然人就是一个其言行都被认为是发自他自己的人。人造人则是这样一个人,即其言行被认为是代表了其他人(或其他事物)的言行。人造人的典型特征是,代理人和委托人不是一个人。代理人是以他人名义并代表他人而行动的人,委托人则是授权代理人以他的名义并代表他而行动的人。同样地,事物,如一座教堂、一所医院或一座桥梁,也能构成人造人。在这种情形下,授予行为权限的委托人不是事物,而是把管理该事物的权利委派给个人或委员会的物主或政务大臣。与人不同,事物只有在政治权力建立起来以后才能人格化。除了个体或一些事物,人们还可以在没有任何委托人的情况下即拥有代表者。这种情形包括没有理性的人,如儿童和疯人,以及在罗马人那里祭司所代表的多神教神和假神,甚至摩西和耶稣所代表的真神。摩西不是以他自己的名义,而是以神的名义统治希伯来人;耶稣也不是为了自己,而是作为父的使者而传道。

在霍布斯的政治哲学中,代表是一个核心主题,因为按照定义,国家乃是一个道德人格。我在这里概述的第十六章是在以国家的定义结束的《利维坦》的核心章节(译注:指《利维坦》第十七章)之前。可以说,第十六章已经预言了这一定义:"一群人经本群中每一个人个别地同意、由一个人代表时,就成了一个人格;因为这人格之所以成为单一人格,是由于代表者的统一性,而不是被代表者的统一性。承当这一人格而且是唯一人格的是代表者,在一群人中,统一性没法作其他解释。"然后,霍布斯这样定义[188]国家:"这就是一大群人相互订立信约、每个人对它的行为授权,以便使它能够按其认为有利于大家的和平与共同防卫的方式运用全体的力量和手段的一个人格。"①这个定义强调了以代表关系为特征的两种形态的委托人与代理人之间的区分。代表者是代理人,因此,他有以被代表人的名义行动的权威。委托人是被代表者,他授予代表者行动的权威。

人造人是一个统一的实体,因为它有一个代表。但是,这并不意味着这个代表就是一个自然人,它也可能是一个议会。在这种情形下,必须诉诸多数规则。在这一点上,霍布斯是明晰的。但

① 《利维坦》,第十六章,第107页;第十七章,第112页。

是,他为之提供了一个奇怪的解释:他说赞成票和反对票可以相互抵消。获得赞成票超过反对票的那一方获胜,反之亦然。"比方说,如果少数人表示赞成而多数人表示反对,那么反对票在抵消赞成票之后就还会有多,于是多余的反对票便没有人反对,这样就成了代表者的唯一意见。"①

八

关于正规团体,我们首先必须区分正规的政治(或公共)团体和正规的私人团体。霍布斯在第二十二章中用了大量笔墨去分析前者,并把它称作"政治体"。根据霍布斯所言,由于政治体的建立有多种可以为之辩护的目的,也由于它们产生的情境各有不同,因此政治团体的种类几乎是无穷无尽的。霍布斯尤其关注行省,他把主权者不驻在而委任他人或商人团体管理的地区称之为行省。这些商人团体是主权者授权垄断国内和国外一个具体的商业领域的社团。由于这些政治体[189]是公共的,并且依赖于主权者,②所以它们的权力(即它们的代表的权力)也是有限的。正是主权者规定了这种权力的限度。霍布斯利用这一政治体对主权者的从属和服从关系,再次重复了他的基本论点:"在每一个国家中,主权者都是全体臣民的绝对代表者,所以除了他准许的以外,就没有其他任何人能成为任何部分的代表了。"③如果主权者允许一个政治体拥有这样一个代表,即他具有超出其成员的所有目的之上的绝对权力,那么这就意味着主权者放弃了统治,并且分割了权力。我们还可以通过考虑他们的存续时间来进一步区分正规、合法的政治

---

① 《利维坦》,第十六章,第 107 页。
② 它们不是独立的,也不是至上的。
③ 《利维坦》,第二十二章,第 146—147 页。

体:有长期的政治体和临时的政治体。霍布斯把具有咨询功能的
政治体作为临时政治体的例子。主权者任命它们,以便获得国家
特殊领域中臣民的状态和需要方面的信息。一旦它们完成了自己
的任务,主权者就会将其解散。

　　霍布斯把那些设立时没有特许状或书面证件的正规、合法的
团体视为私人团体,因为它们是由普通法规范的。霍布斯只为这
种正规团体举了一个例子:家庭。家庭是一个由父亲代表的团体。
家庭之所以属于正规团体的范畴,是因为它是一个拥有代表的
团体。

　　正如已经指出的,也有一些团体是正规的,但却是不合法的。
这些就是犯罪团体(或吉普赛人团体),或是由外国人的权威在一
国内部建立的团体。一些个人为了更容易在一个国家中宣传他们
的学说,或是为了形成一个反对主权者的合法权利的党派,而联合
起来。这两个例子都很有趣,因为它们比其他任何分析都更好地
清楚表明了正规性与合法性并不[190]一致。犯罪团体和在他国
行动的外国政党都有代表,也就是说,它们都有一个以它们的成员
的名义并且代表他们而行动的人。但是,这些团体是非法的,因为
主权者既不承认它们,也没有授权给它们。

　　非正规团体的类型学更有意思,因为它不太常见。非正规团
体也分为合法的和非法的两种类型。虽然霍布斯对正规团体的论
述主要集中在合法团体上,但他[在论述非正规团体时]却尤其强
调其中的非法团体。我们可以区分出两种类型:联盟(leagues)和
人民的集会(gatherings of the people)。霍布斯通过"联盟"意指的
是,一些个人为了实现如防卫这样的共同目的,通过订立协议而形
成的团体。但是,这种防卫是针对谁的呢? 如果这种防卫是针对
国家权力的,霍布斯便会毫不犹豫地说,这一联盟通常是不必要
的,因而最好是避免形成这种联盟。此外,当它们的目标是犯罪的
时候,它们通常是不合法的。只有国家间的联盟才是必要的和合

法的。既然在各个国家之上没有要求它们服从的权力,那么国家间的联合就是它们相互提供防卫的唯一手段。但是,对国家的臣民来说则不然,因为对他们的保护已被交托给国家权力本身。

一个像霍布斯这样的信服国家统一并且一以贯之的理论家是绝对不会乐见党派或私党的形成的。(霍布斯一般把它们称为私党或阴谋集团。)在《论公民》的两个段落中,他已经强调了党派的形成对国家的伤害。其中一个段落是在第十二章,霍布斯在这里分析了国家解体的原因。在这些原因中,除了煽动性学说的传播外,霍布斯还考虑了旨在按照那些学说行动的团体的形成。他把这些团体比作美狄亚的姐妹,她们为了使自己的父亲返老还童而将他剁成肉酱,并给煮了。(结果事与愿违,她们杀死了自己的父亲。)另一个段落是在第十三章,它探讨了主权者的义务。[191]在这些义务中,霍布斯列出了解散党派的义务。他把这些党派看成是国中之国。他把党派或私党定义为"这样一群臣民,他们或通过彼此的协议,或通过某个人的权力而团结在一起,却又不具有掌握主权的人的权威"。①

在"私党"这一子类的非正规和不合法的团体中,霍布斯还列举了其他的群体。② 这些群体有:在一个会议中形成并旨在接管这个会议的群体(他称之为"秘密小团体");一个私人领主为了自己的防卫组织起来的武装卫队;③为了攫取权力而形成的严格意义上的党派,这种党派既存在于宗教领域(如教皇党各派系),也存在于政治领域(如罗马的贵族党和平民党)。所有这三种类型的团体都是非法的:它们是"阴谋小团体",因为它们导致团体利益凌驾于普遍利益之上;它们是武装起来的派系,因为防卫只是国家的任

---

① 《论公民》,第十三章,第 175 页。
② 不同于"人民的集会"。
③ 就像曼佐尼《约婚夫妇》中的歹徒(*bravi*)一样。

务,实际上,它也是国家产生的主要原因;它们是党派,因为它们
"违反人民的和平与安全,而且夺走了主权者手中的武力"。①

九

　　与霍布斯作为一个通过从第一原理演绎出国家而建构一种国
家理论的理性主义者的传统形象形成对照的是,《利维坦》的作者
实际上还是一个敏锐的观察家。我们可以在其论述第二种非正规
团体(即"人民的集合")的内容中发现一些有趣的言论。现在,我
们会说,霍布斯论述联盟及其各种类别的那些内容涉及到今天公
法著作中的结社权部分,关于人民集会的部分则是公法中的集会
权部分。霍布斯同等严肃地处理了集会权与结社权。在近代
[192]公法理论中,结社和集会的权利是通则,禁止结社和集会则
是例外。霍布斯在分析可能合法也可能不合法的非正规团体(他
将结社和集会包含于其下)时,讨论了这一主题,并把通则与例外
的关系颠倒了过来。在霍布斯的体系中,只为合法的结社和集会
保留了极小的空间。

　　对霍布斯来说,人民集会是否合法既依赖于产生集会的原因,
也依赖于参加集会的民众人数。人们集合起来在教会中参加宗教
仪式或在剧场里观看演出都是合法的。如果"人数异乎寻常的
多",②并且如此之多的民众参与的理由并不是显而易见的(也就
是说,并不是正当的),那么它就变得可疑,因此而成为非法的。既
然这种集会被宣布为非法,那么主权者就有权解散它,并且在这种
情形下,至少有权惩罚集会的发起人(若非所有参与人的话)。有
一个例子最好地说明了在集会权受到宪法保护的近代民主国家中

────────────

① 《利维坦》,第二十二章,第155页。

② 同上。

集会权利的范围与霍布斯对它的限制之间的对比。此例如下。一千人聚集起来向一名官员提交请愿书，这是允许的。但是，所有赞同这一请愿书的人都来提交，则是不允许的，因为少数人即足以完成这一任务。霍布斯为了证明这一限制的正当性而提出了如下论证，正是这一论证构成了我们今天要求公共秩序的根据："在这类情形下，使聚合成为非法的并不是某一确定的人数，而只是当时的官吏不能加以弹压并依法制裁的人数。"①当聚合的人数超过必需时，集合就变成了骚乱。为了支持自己的主张，霍布斯引用了《使徒行传》中的一段话。当一群人指控保罗的两个[193]同伴时，地方长官就将其说成是"骚乱"，因为没有很好的理由证明如此大规模的民众集会是正当的。②

<h2 style="text-align:center">十</h2>

这一概述表明了霍布斯关于社会团体的类型学是如何的清晰、复杂而又精确。我想要整理一下霍布斯对其所作的区分和次级区分，它们一个接着一个，但是并不重叠。为了达到这一目的，确定如下几点可能是有用的：

　　a. 社会团体这一范畴（霍布斯称之为"从属性的团体"）源自独立团体与不独立团体这一最初的更为一般的区分。（霍布斯为独立团体给出的唯一一例子就是国家。）

　　b. 在"非独立团体"中所作出的第一个区分是公共团体与私人团体之间的区分。

　　c. 私人的非独立团体可能是正规的，也可能是非正

---

① 《利维坦》，第二十二章，第155页。
② *Acts*, XIX, 40.

规的。

　　d. 正规团体和非正规团体两者都有可能是合法的或非法的。

　　由此可以推出，独立团体和公共的非独立团体两者总是正规的且合法的，而"私人团体"这一种类则有四个亚种：(a)合法的正规团体；(b)不合法的正规团体；(c)合法的非正规团体；(d)不合法的非正规团体。换言之，公共性，甚至独立性，与正规性和合法性总是有共同边界的，而非正规性和非法性则帮助我们在私人团体之间作出区分。

　　在《论公民》中，霍布斯只提到了作为从属性团体的法人（personae civiles）。相比之下，《利维坦》的文本则更加复杂、更具独创性。因为，在《利维坦》中，霍布斯引入了"非正规团体"这一种类。非正规团体没有代表，因此就不能称之为法人。既无代表、也不是法人的"非正规团体"这一种类，值得从霍布斯的一般国家[194]理论的角度出发进行考察。因为这一种类的社团使得我们可以在霍布斯体系中识别出一个由普通法调整、而在国家的直接权力之外的私人领域。这再次表明了（必要的话）作为威权主义国家的霍布斯国家与现代极权主义国家之间的区别。然而，我们不应因此就误以为霍布斯的国家是通过承认自由权利而对私人领域进行法律保护的自由主义国家。自由主义国家是建立在法治之上的国家，霍布斯的国家则不然。它之所以不是法治国家，是因为其中不受国家干预的自由乃是一种事实上的自由。结社和集会的权力不像在自由主义的成文宪法中所规定的那样，是一种受到国家承认的权利。它仅仅是主权者酌情授权的结果。

　　同样，霍布斯对国家中公共的和私人的政治团体的接受也与温和的（或者有限的、中道的）君主制（或者用塞瑟尔［Clande de Seyssel］的用语来说，规范的君主制［*monarchie reglée*］）的拥护者们所提出的中间团体学说无关。不用说,霍布斯的国家不是一个有限国家,因为主权权力要么是绝对的,要么就不是主权权力。所有的政治团体(不管是公共的,还是私人的)都属于"从属性团体"这一个大范畴之下。也就是说,它们从属于国家这个唯一独立的政治体。这种从属性是显而易见的,因为它们之所以具有法律人格,只是因为它们是由国家设立、授权或许可的(方便时宽容的)。它们没有一个能够为国家权力设立限度,或是能够与主权权力相抗衡,而在有限国家学说中,这是中间团体所特有的功能。

十一

　　霍布斯的社会团体的类型学表述清晰,组织有序。然而,它无需多虑,因为它本身就代表了法人团体学说的新的一章。相反,它值得分析,因为[195]正如我在本章开头所言,它促使我们承认,与评论者们通常所认为的相比,霍布斯的国家学说要更加复杂一些。

　　基尔克已经以其超群的敏锐以及对法人团体的非凡的历史知识强调了霍布斯的法人团体学说的历史重要性。在基尔克看来,霍布斯是第一个抛弃传统的关于集合性团体的有机体观念的自然法理论家。因此,他第一个认为,不仅国家,而且国家中形成的社会团体,都是通过一种赋予其生命的个体间的协议而设立起来的。最后,他也是第一个把它们表现为人造人格(就像机械装置是人造的那样)的人。[1] 霍布斯的代表学说是对集合性团体的这种个体主义建构的最好证明。我们已经看到,已经成为政治团体或者私人团体的一些人的代表,要么是一个个体,要么是一个会议。(在政体学说中,与这一区分对应的是君主制、贵族制和民主制之间的区分。)只有在这个个体与议会的行为是在其已经获得的授权范围

---

[1]　基尔克,《社团法》,第四卷,第 360 页。

内完成的时候,这些行为才会归于构成集合性团体的那些个体[组成]的那个群体。代表该团体的人格"所做出的在特许状或法律中没有根据的任何行为都是他自己的行为,而不是该团体的行为,或该团体中他本人以外的任何成员的行为"。① 如果代表性会议做出了一个在特许状和法律中没有授权的决定,那么这一决定就只对做出该决定的那些人具有约束力,"因为会议在特许状中无根据的事情上不能代表任何人,所以这些人便没有牵涉到他们的投票中去"。② 如前所述,[196]代表关系是授权人与代理人之间的关系。如果代理人超出了授权人授予或转让给他的权限范围,那么代表就不可能存在了。鲜为人知的是,在霍布斯这里,没有有机代表观念的丝毫痕迹。我们可以通过分析霍布斯对社会团体(尤其是正规团体)的论述证实这一点。尽管正规团体从属于国家,但它们像国家一样,主要是人造人格。

人们并非毫无根据地认为,霍布斯是就其概念而言的绝对国家的理论家。因此,也许看起来有些吊诡的是,不是有机的代表观念,而是个体主义和原子主义的观念,产生了近代的民主制度。

---

① 《利维坦》,第二十二章,第 147 页。
② 《利维坦》,第二十二章,第 148 页。

第七章 结 论

[197]1988 年 4 月 5 日是托马斯·霍布斯诞辰 400 周年纪念日。包括意大利在内的许多国家都举行了纪念他的会议。其中一场在米兰,一场在那不勒斯,第三和第四场在锡耶纳,夏季以后又在那不勒斯举行了一场。可以肯定地说,我们不能以关于一位哲学家的会议的数目来判断其重要性。现在人们为了促进旅游业的发展和为参与者提供享受的机会,办的研讨会越来越多。但是,所有的人都会同意霍布斯哲学所具有的生命力。甚至在今天,他的作品也是反思与我们依然息息相关的许多主题的不竭源泉。这里只需指出霍布斯的根本问题是他在成年岁月中反复探讨的战争与和平的问题就够了。

霍布斯的政治体系建立在一个极其简单、清楚的重要二分之上。存在一个人们生活在其中的自然状态,这里没有强迫他们相互尊重的实定法。并且,也存在一个公民社会,其中有一个公共权力通过违背他们的意志,强迫他们遵守为了保证和平共处所必需的法律。自然状态是一个持续的普遍战争状态。公民状态是永久的和平状态。他的整个建构的出发点[198]是人们普遍地喜欢和平而非战争这一观念。因此,他们更喜欢生活在公民社会,而不是自然状态。

从一种状态过渡到另一种状态,可能以两种方式之一发生:要么通过征服,强者使他们自己凌驾于别人之上;要么通过契约,所有的利益相关者都同意放弃对暴力的个别使用,而建立一个公共权力。第一种方式是典型的现实主义政治观念,它从激情的观点出发看待社会。这种激情在社会中发生作用,需要外部权力对它进行约制。第二种方式是理性主义政治观念所拥有的。根据这一观念,政治是一个对立的利益发生冲突的领域。通过给理性计算留有巨大空间的程序,这些相互冲突的利益可以达到和谐。马基雅维里和洛克的理论就是这两种观念的范例。

对霍布斯的哲学来说,这两种解释都行得通,时而前者占据上风,时而后者占据上风。近些年来,这两种解释同时被提出,这也说明霍布斯在我们今天的争论中依旧赫然在场。至少在意大利,现实主义的政治观念受到了卡尔·施米特思想广泛传播的影响。另一方面,理性主义的政治观念由于对契约论的重估,以及继之而来的对计算理性在实践问题(包括政治)中的作用的讨论,而得以重振。(对霍布斯来说,推理就是计算。)

对霍布斯来说,和平变成了根本性的问题。他生活在残忍而又长期的内战时代。这种内战,而非任何其他的战争,提供了"一切人反对一切人的战争"的卓越观念。(我们只要想一下在黎巴嫩长年发生的战事。)同样,对我们来说,和平也已经成为了我们这个时代的根本问题之一。这是因为日益增强的武器力量已经把人类整体(而不仅仅是一些个别的国家)置于前所未有的毁灭危险之中。但是,我们的问题是国家之间的战争问题[199],而非一国之内的个体和群体之间的战争问题。然而,问题的解决方案并未改变。霍布斯的模型仍然有效。国际的和平也只能借助一个赋有更高力量的强权国家通过旨在产生一个共同权力的国家间的协议将自己强加于所有国家之上而实现。用古典的术语来说就是:我们可以在帝国和联盟之间进行选择。

契约论提供的是联盟而非帝国的模型。但是，霍布斯非常清楚，一种个人、群体或国家以一个共同目的为宗旨的单纯结合并不足以在这些结合者之间建立起一种持久的和平。除了一个共同目标外，还需要一个共同的权力。共同权力并不能像国际体系中的同盟那样，通过一个简单的联合公约或相互帮助即可形成。共同权力只能通过盟约才能形成。通过信约，所有人都自愿服从一个人格的权力。这个人格可能是君主制国家中的一个自然人，也可能是民主制国家中的议会。

尽管康德在写《永久和平论》这篇小论文之前几年就知道一个联邦制国家已经首次在新世界建立起来，但是在他的永久和平计划中只谈到了联合公约。我们今天会说，这种联合公约只是一个邦联。在关于国际和平的问题上，霍布斯并未像康德那样走得如此之远。他确信国际体系注定是存在于自然状态之中的，因此是一种永久的战争状态。霍布斯从未问过如何把联合信约从国内转到国际领域。为什么呢？

首先，如前所述，内战问题是萦绕他一生的问题，他的政治著作即从中产生。其次，联合信约的唯一替代方案是国家间的平衡体系。这在像行动角色不多的霍布斯时代的国际体系中是可能的。但是，当这种角色就像自然状态中的个人那样成千上万，甚至数以百万计时，这就是不可能的了。第三，在国际体系中，相较于自然状态中的个体，国家有更好的机会保卫自己[200]免于其他国家的侵害，得以保存下去。

今天，这些论证还能像在霍布斯的时代那样一样有效吗？今天，正如国家的数量急剧增加一样，武器的威力也空前提升。国家数量的增加使得这种平衡更加不稳定。武器威力的激增也使得这种平衡的可能破裂更加令人恐怖。

我们今天面对的国际和平问题与三个世纪以前霍布斯所面临的国内和平问题一样艰巨。理想的解决方案也是一样的。国际联盟是第一个尝试，但是可悲地失败了。联合国组织试图通过建立国际武装力量向建立公共权力迈出了一步。但是，这一步还没有超出良好愿望的阶段。近年来，我们目睹了向平衡体系的回归。但是，这种发展实际上是一个倒退。我们不应忘记，平衡体系一直都是两次战争之间的休战期。今天，我看不出事情为何应该不同的理由。霍布斯及其同时代人都将他们的和平希望寄托在恐惧之上，与之相比，建立在恐怖之上的平衡也许要比建立在恐惧之上的平衡更加稳固。

联合信约是一个理想的、非现实主义的模型。尽管如此，它仍未失去它的启发性力量。也就是说，它仍然能够使我们明白为什么甚至在今天国内体系与国际体系依然不同的理由。并且，它也将使我们明白，如果我们相信，与以前相比，和平在今天更是一种公共利益的话，那么就应该朝着那个方向努力。

附　录

一、马尔麦斯堡的托马斯·霍布斯本人以致信一名鸿儒的方式所写的关于荣誉、忠诚、风俗和宗教的一些思考

　　[201]今年我们举行了霍布斯的基本著作《利维坦》(伦敦,1651年)出版300周年的庆祝活动。自它首次出版以来,《利维坦》便引发了严厉的争论、激烈的讨论和愤慨的反应。许多人提笔大加挞伐,宣告霍布斯的政治大厦在道德和宗教上都是骇人听闻的。在道德上,他们指控其为唯物主义和功利主义,宗教上,指控其为无神论。牛津大学萨维尔讲座教授数学家约翰·沃利斯(John Wallis)是其中的一个激烈的批评者。《论物体》(*De corpore*)出版(1655年)后,他与霍布斯展开了一场严厉的科学论争。他在其著作《对霍布斯几何学的诘难》(*Elenchus Geometriae Hobbianae*)中向霍布斯发起了无情的攻击,指责霍布斯的错误和愚蠢的自夸。后来,沃利斯通过对霍布斯所作回应的越来越激烈的评论,展开了进一步的

论战。① ［202］霍布斯在论争过程中暗中提到属于查理一世的特定秘密文件一事，②深深刺痛了沃利斯。因为沃利斯为国会议员们破译了这些文件，然后 1649 年又在牛津大学的就职演说中对此大肆吹嘘。由于霍布斯与沃利斯之间的争吵已经沦为人身攻击，于是沃利斯就对霍布斯（特别是《利维坦》）提出了一个新的具体指控，说《利维坦》是君主主义者霍布斯在英国君主制的气数已定时所写，为的是能够获得克伦威尔的恩惠，在他流亡 11 年之后获准回国。沃利斯把他提出这一指控的小册子命名为《霍布斯的〈自裁者〉》（*Hobbius Heauton-*

---

① 霍布斯以沉闷的著作《给数学教授上的六堂课》回应了《诘难》（*Elenchus*）一书（收录于《霍布斯英文著作集》，第七卷，第 181—356 页）。书中的数学教授，一个是几何学教授（沃利斯），另一个是天文学教授（瓦德［Ward]），他们担任由尊贵而博学的萨维尔爵士（sir Henry Savile）于 1656 年在牛津大学设立的教席。沃利斯以《斧正霍布斯先生，或曰因为他的课没有讲对而对他执行校纪》（*Due Correction for Mr Hobbes or School- Discipline for not saying his Lesson right*）。霍布斯紧接着在 1657 年发表了措辞激烈的小册子《约翰·沃利斯的荒谬几何学、村言鄙语、苏格兰教会政治和野蛮主义的标志》（*Stigmai Agnometrias, Agroihias, Antipoliteias, Amatheias, or Marks of the absurd Geometry, rural Language, Scottish-church Politics and Barbarism of John Wallis*, 1657）（收录于《霍布斯英文著作集》，第七卷，第 357—428 页）。沃利斯答以《对霍布斯的〈标志〉的审查》（*Hobbiani puncti Dispunctio*）。1657 年，沃利斯的基本著作《普遍数学》（*Mathesis Universalis*）出版。1660 年，霍布斯在《对约翰·沃利斯书中所阐述的当前数学的考察与修正》（*Examinatio et Emandatio Mathematicae hodiernae, qualis explicatur in libris Johannis Wallisii*）（收录于《拉丁语著作集》，第四卷，第 1—232 页［译注：英译本误作《英语著作集》，兹据霍布斯《拉丁文著作集》改正])中对它进行了彻底的批评。在这一时期，霍布斯在 1662 年以《物理学的对话》（*Dialogus Physicus sive de Natura Aeris*）一文发起了与波义耳（Robert Boyle）的论战（收录于《拉丁语著作全集》，第四卷，第 233—296 页）。波义耳以《对霍布斯先生〈对话〉的审查》予以回应，并在 12 年后的《论真空：反对霍布斯先生》（*Dissertation on Vaccum against Mr. Hobbes*）中重拾其中的论证。下文即将指出，沃利斯撰写了一篇小文，对霍布斯在《对话》中提到的他自己破译国王秘密文件一事进行回应，霍布斯则以呈现在这里的《一些思考》一文作答。

② 出现在《物理学的对话》一书中，这是霍布斯 1662 年撰写的反对伟大的化学家罗伯特·波义耳的一部著作。

timoroumenos），并于 1662 年出版。① 在这本小册子中，沃利斯
[203]指控霍布斯拥护克伦威尔，背叛国王，以此回敬霍布斯对他
所做的背叛国王、支持议会的指控。在那个君主制复辟的年代（恩
典之年 1662 年），很难说其中哪一个指控更为龌龊。由于俩人都
是杰出的公民，迄今为止一直都在享受君主的恩泽，因此，事情也
就弄得更加难堪了。

　　面对这样一种迅疾而又大胆的反击，霍布斯无法保持沉默。
同年，他以这里第一次呈现给意大利读者的小册子《马尔麦斯堡的
托马斯·霍布斯本人以致信一名鸿儒的方式所写的关于荣誉、忠
诚、风俗和宗教的一些思考》进行回应。由于沃利斯对他所做的那
种指控，霍布斯不得不回顾他的政治兴趣、流亡岁月和重返故国的
历程。尽管他言辞简洁，但不得不讲述他的生平旧事。这就解释
了何以此文具有传记性质。此外，由于他不得不回应（尽管论据并
不新颖）对他所做的不虔敬和无神论的指控，所以他就被迫思考那
些有关一门学说之本质的问题。因此，从哲学的观点来看，我们选
择出版这本尽管非常出名、人们也常常引用，然而读者却不易获得
的小册子，也是很有趣的。霍布斯在这种以其著作为克伦威尔的
权力进行辩护的指控之下，通过再次陈述他的服从理论，以强硬的
言辞及其典型的不可战胜的论证进行了回应。这样，他就揭露了
他的主权观念的那些最秘密的理由。

　　沃利斯的指控是否有充分的根据，霍布斯的辩护是否可以视
为正当，我们在这里不可能对这个问题进行彻底讨论。无疑，重建

---

①　现在，在英国的德马奇（Ernesto De Marchi）教授为我提供了这本书的全名：《霍布
　　斯的〈自裁者〉，或者对霍布斯先生在致尊敬的波义耳的书信体论著中的对话的一
　　个思考》（*Hobbius Heautontimoroumenos or A consideration of Mr. Hobbes his Dia-
　　logues in a Epistolary Discouse addressed to the Honorable Robert Boyle*），牛津大学
　　几何学教授约翰·沃利斯著，牛津，1662 年，A. 利奇菲尔德和 L. 利奇菲尔德在圣
　　保罗教堂庭院之主教室内汤姆生（Samuel Thomson）印刷。我要感谢德马奇教授
　　对这里发表的译文的准确修改。[英译者注：即意大利版中的译文。]

和平,而不是恢复君主制,才是触发霍布斯思想的问题。这样,他的目的就在于,无论何人,只要能够以稳固的方式掌权,由此保证和平的维续,那就要确保对其人的服从。众所周知,在他流亡法国期间,霍布斯是威尔士亲王的家庭教师(1646 年 10 月)。尽管如此,他从不从事[204]即使对方可能会赢,但在恢复和平时肯定有损于他回国机会的活动。事实上,在他最初对其数学对手的论争性回应中,①他自夸道(数年后,他会乐于收回这番话):"我相信《利维坦》成功地塑造了一千个绅士的头脑诚心诚意地服从当前的政府,否则,它将已经在这方面发生动摇。"②确实,就像他在这本小册子中公开承认的那样,霍布斯在包含了几个一般性结论的《利维坦》的最后几页中努力将对克伦威尔的服从正当化、合法化。这里,他认为,一旦另一主权者的征服已经发生,那么那些依旧忠诚于君主制的臣民便从契约中解脱了出来。

这些论证没有一个看上去是决定性的。对我们而言,《利维坦》依然是霍布斯想要它所是的那样:服从学说的一座稳如磐石的里程碑。当霍布斯写作《利维坦》时,服从学说似乎更有利于征服者,而非被废黜的君主。毫无疑问,霍布斯是把他先前的著作《论公民》(1642 年)献给这位君王的。尽管如此,霍布斯并没有修正(甚至没有软化)他的学说,以便使之适应新形势。他在整部书中也没有向正在确立其自身的新权力做出任何妥协。③ 最为重要的是,他从未对英国君主制不尊敬,或是停止对君主制政体的钦佩,而是一生对其忠心耿耿。尽管他只要想写一部旨在讨取共和政府欢心的书,就能轻而易举地掩饰住他的情感,但前述这些却是一切。任何一位读过《利维坦》的读者都清楚地知道其中找不到一句

---

① 克伦威尔当政时期所写的《给数学教授上的六堂课》,等等。
② 《霍布斯英语著作集》,第七卷,第 336 页。
③ 甚至间接的妥协也没有。

奉承未来护国主的话;然而,霍布斯只要一有机会,就会表达他对
君主制度及其代表的敬意。

二、霍布斯学术研究史简史[①]

1. 对霍布斯的批评性研究的起源和最初发展

[205]在近两个世纪里,霍布斯都被认为是一个"可恶的"作
家;作为哲学家,则被认为是英国经验主义学派的一个次要思想
家;他只不过是伟大的弗朗西斯·培根的追随者而已。在格劳秀
斯和切尔伯恩的赫尔伯特(Herbert of Cherbury)之间,滕内曼
(Tenneman)对霍布斯只有寥寥数语沉闷乏味的论述。黑格尔为
霍布斯强劲的政治现实主义所倾倒;但是他很快就弃之不顾,因为
他在霍布斯的著作中没有发现任何"思辨的或严格来说是哲学的
东西"(《哲学史讲演录》,剑桥:剑桥大学出版社,1989 年,第 3 卷,
1,B. 3)。库诺·费舍尔(Kuno Fischer)在他关于培根的著作
(1856 年)中认可霍布斯作为一个没有个性的培根主义者的形象。
同时,在 1829 年到 1845 年间,霍布斯的英文著作和拉丁文著作由
激进主义作家莫里斯沃斯爵士以至今仍为标准的版本的方式出版
(《霍布斯英文著作集》,11 卷本,伦敦:John Bohn, 1829—1845;
《霍布斯拉丁文哲学著作全集》[*T. Hobbes Malmesburiensis Opera
philosophica quae latine scripsit ominia*],5 卷本,Londini apud
Joannen Bohn,1839—1845)。莫里斯沃斯爵士是詹姆斯·密尔
(James Mill)和乔治·格罗特(George Grote)的朋友,在他们的圈
子中间,他是霍布斯的第一个钦佩者。

1866 年,罗伯逊(George Croom Robertson)为由费城的利平
科特(J. B. Lippincott)出版的"英国读者的哲学经典"系列丛书撰

[①]　本书评只包含直到 1974 年(即其首次出版时)为止已经出版的那些文本。

写了第一部清除霍布斯的"培根主义"的完整专著。若干年后,里昂(George Lyon)的著作出现在由阿尔坎(Alcan)出版的当代哲学图书馆(Biblithèque de philosophie contemporaine)系列丛书中(1893年)。从开头几页起,里昂就强调了霍布斯与培根之间的不同,而非他们之间的亲缘性。同年,费尔迪南德·滕尼斯"耐心地"研究了霍布斯的著作,钦佩"其建构国家的能耐和一贯性"(《共同体与社会》,第21页)。正如滕尼斯自己所承认的,他依赖霍布斯是为了[206]把霍布斯的自然社会(Gemeinschaft)与人造社会(Gesellschaft)之间的重大二分从抽象的天国拉下来,使之接受历史和社会学的尘世检验。滕尼斯的专著《霍布斯的生平和学说》(Hobbes Leben und Lehre)首次出版于1896年(斯图加特:弗曼[Friedrich Frommann]出版社),第三次、也是最后一次出版于1925年。可以认为,它是对霍布斯的批评性学术研究史的开端。随着这部著作的出版,霍布斯作为次要思想家和经验主义哲学家的双重形象就被完全抛到身后了。自那时起,《论物体》、《论人》和《论公民》三部曲的作者就越来越成为近代的一名主要思想家。能够与之比肩、并且可以帮助我们更充分地理解其历史地位的思想家是霍布斯赞赏有加同时又视为对手的笛卡尔,以及霍布斯在《论物体》的书信体献辞中给予空前赞誉的伽利略。

随后一些年,对霍布斯的学术研究发现了霍布斯的唯物主义和机械论的世界观与近代科学的产生、成长和胜利之间的越来越密切的联系。我只想引用对霍布斯体系所作的哲学解释(而不仅仅是政治解释)中的一些主要步骤:W. 狄尔泰,《泛神论的发展史》(Der Entwicklungsgeschichte des Pantheismus),载《哲学史档案》,第13卷,1990年,第307—360页、第445—482页;E. 卡西尔,《近代哲学和科学中的认识问题》(Das Erkenntnisproblem in der Philosophie und Wissenschaft der neuern Zeit),柏林:卡西尔(B. Cassirer)出版社,1907年,英译本《认识问题:黑格尔以来的哲学、科学与历史》(*The Problem of Knowledge：Philosophy，Science，and History since Hegel*)，纽黑文：耶鲁大学出版社，1950年；布兰特(F. Brandt)，《托马斯·霍布斯的机械自然观》(*Thomas Hobbes's Mechanical Conception of Nature*)，伦敦：1928年，但其第一版是丹麦文版本，1921年出版；沃特金斯(J. W. N. Watkins)，《霍布斯的思想体系》(*Hobbes's System of Ideas*)，伦敦：哈奇生大学图书馆，1965年。下面这些全面的研究大大丰富了这份研究文献，它们最好地标志了当代哲学界对霍布斯的兴趣日益增长：斯蒂芬(L. Stephen，1904年)、泰勒(A. E. Taylor，1908年)、卡特林(G. E. Catlin，1922年)、阿多尔佛·列维(Adolfo Levi，1929年)、兰德里(B. Landry，1930年)、莱尔德(J. Laird，1934年)和古奇(G. B. Gouch，1939年)。

[207]最近15年间，霍布斯研究格外繁荣。这些最近的著作，尤其是在沃伦德(Warrender)的著作(关于此书我在后面还将详述)改变了研究的方向以后，一本接一本，相继面世。它们的研究越来越严格、精妙。这些著作，除了已经提及的沃特金斯的著作外，还有波林(R. Polin)的《托马斯·霍布斯的政治与哲学》(*Politique et philosophie chez Thomas Hobbes*，巴黎：Puf，1953年)；彼得斯(R. Peters)的《霍布斯》(牛津：Pelican Books，1956年)；胡德(F. C. Hood)的《托马斯·霍布斯的神权政治》(*The Divine Politics of Thomas Hobbes*，牛津：克拉伦登出版社，1964年)；戈德史密斯(N. M. Goldsmith)的《霍布斯的政治科学》(*Hobbes's Science of Politics*，纽约和伦敦：哥伦比亚大学出版社，1966年)；麦克尼利(F. S. McNeilly)的《利维坦剖析》(*The Anatomy of Leviathan*，伦敦：麦克米兰出版社，1968年)；高蒂尔(D. P. Gautheir)的《利维坦的逻辑》(*The Logic of Leviathan*，牛津：克拉伦登出版社，1965年)和杂论卷的《霍布斯研究》(*Hobbes Forschungen*，柏林：Duncken & Humboldt 出版社，1969年)，收入了1967年在波鸿举办的

关于霍布斯的学术会议的成果。最近,在滕尼斯的版本出版将近一个世纪以后,学者们又开始探索并出版霍布斯的一些尚未出版的或者罕见的作品:阿勒西奥(F. Alessio)编,《光学研究》(Tractatus opticus),载《哲学史批判杂志》(*Rivista critica di storia della filosofia*),第 18 卷,1963 年,第 147—228 页;沃尔夫(F. O. Wolf)编辑,《论文集》,斯图加特:弗曼出版社,1969 年,此文集 1620 年以《闲暇时光》(*Horae subsecivae*)为题匿名出版。

在意大利,从蒙多尔夫(Rodolfo Mondolfo)的研究《功利主义道德史论:一、霍布斯的道德学》(*Saggi per la storia della moral utilitaria:I. La morale di T. Hobbes*,维罗纳:Drucker,1903 年)到阿尔多佛列维的专著,霍布斯研究的传统一向充满活力。但是,对霍布斯政治哲学的兴趣的复兴形成了年轻学者们的作品特征。除了下述卡特尼奥(M. A. Cattaneo)的研究和已经提及的《光学研究》编辑外,帕奇(A. Pacchi)的研究《霍布斯自然哲学形成中的约定与假说》(*Convenzione e ipotesi nella formazione della filosifia naturale di T. Hobbes*,佛罗伦萨:新意大利出版社,1965 年)值得一提。我们也要感谢帕奇的评述文章《霍布斯研究 50 年》(Cinquant'anni di studi hobbesiani,载《哲学杂志》[*Rivista di filosofia*],第 57 卷,1966 年,第 306—335 页,它是本导论的一个很好的补充),以及他的收录于拉泰尔扎(Laterza)出版的"甲哲学"(I filosofi)系列中的带有详尽参考书目的《霍布斯导读》(*Introduzione a Hobbes*,巴里,1971 年)。1962 年,《哲学史批判杂志》[208]整卷讨论霍布斯。撰稿人除了像沃伦德和波林这些著名的国外学者以外,还有 F. 阿勒西奥、N. 博比奥、M. A. 卡特尼奥、达尔普拉(M. Dal Pra)、加林(E. Garin)和维亚诺(C. A. Viano)。1971 年,加加尼(A. G. Gargani)的著作《霍布斯和科学》(*Hobbes e la scienze*,都灵:联合出版社)出版。他把霍布斯看作是作为科学革命产物的唯物主义和机械论世界观的最有意识且最为一贯的解

释者之一。这一解释为霍布斯的思想对于本世纪哲学史的重要性
提供了最好的证据。

2. 最近三十年关于霍布斯争论的主题

从滕尼斯的著作(1896 年)到莱尔德的著作(1934 年)这一段
时间是霍布斯学术研究复兴的最初几十年。这一时期的主要学者
们的主要目标有二。他们的第一个任务是要找到可以把霍布斯的
思想与当时的哲学和科学思想联系起来的那些线索。第二个任务
就是要对他的思想进行统一的重构。他们尤其希望在霍布斯的一
般哲学体系中解释他的政治思想。其中一些人强调他的方法上的
统一,[①]另一些人则把霍布斯的世界观和知识观的一些典型特征
分割开来。这些特征就是机械论、唯物主义和唯名论,它们在他的
体系的三个部分(即物理学、人类学和政治学)之间提供了一种联
系。1938 年,卡尔·施米特的专著《霍布斯国家学说中的利维坦》
(*Der Leviathan in der Staatslehre des Thomas Hobbes*)出版(汉
堡:汉泽亚提希出版社[Hanseaticher verlagsanstalt],1938 年),由
这一解释路线推出其极端的结论。利维坦是一台巨大的机器、机
器的机器(*machina machinarum*)。由此,它就只是用机械论的术
语来解释国家。霍布斯的方法仅仅反映了国家[209]装置的逐步
技术化,这种技术化构成了近代官僚国家的典型特征。

就在那几年,列奥·施特劳斯的《霍布斯政治哲学的起源和基
础》(*The Political Philosophy of Hobbes : Its Basis and Genesis*,
牛津:克拉伦登出版社,1936 年;第二版,芝加哥:芝加哥大学出版
社,1952 年)和泰勒(A. E. Taylor)的《霍布斯的伦理学说》(*The
Ethical Doctrine of Hobbes*,载《哲学》,第 13 卷,1938 年,第 406—

---

① 对霍布斯而言,方法本质上就是几何学方法。由此产生了他把几何学的方法运用
　　于政治学的研究中这一他认为是前所未有的努力。

424 页)突然中止并颠转了这一解释倾向。对他们两人来说,霍布斯的伦理学(和政治学)完全独立于他的哲学,也完全独立于他试图运用于其伦理学和政治学之中的所谓的科学方法。施特劳斯认为,霍布斯的政治思想是在他年轻时期通过熟悉古典而形成的,[①]从而先于他对欧几里得(以及一般说来,对伽利略的科学革命)的痴迷。霍布斯并非如他自己宣称的那样是一位政治科学家。他是一位把他的人类学悲观主义和对人性的思考放在理性主义框架之内的道德学家。泰勒认为,通常被接受为政治的科学理论之基础的霍布斯的利己主义心理学是同激发它的伦理学完全分离的,也是同从中衍生出来的道义论完全分离的。根据泰勒的理解,霍布斯的政治学不是基于对人性的观察,而是基于从主权者和神圣意志向公民义务的推导。结果,自然法之所以具有约束力,并不是因为它是建立在理性计算的基础上的审慎规劝,而是因为它是最终源自神圣意志的命令。施特劳斯揭示了一个掩藏在科学主义者背后的人文主义者,而泰勒则揭示了一个掩藏在理性的无神论者背后的有神论者和一种宗教精神。1939 年,古奇重申对霍布斯的标准评价:霍布斯"尽管自称是一个正统的基督徒,但他完全缺乏宗教的精神"(第 20 页)。

自那以后,对霍布斯的争论就围绕以下两个主题展开:(a)霍布斯的政治哲学是依赖还是独立于他的哲学体系;(b)霍布斯的伦理学是一种理性主义的伦理学,还是如近来的分析所指出那样是一种神学的伦理学。第一个主题引发了[210]对"霍布斯的政治学是科学的和论证性的"这一主张的质疑。所有最近的分析与争论的焦点是沃伦德的著作《霍布斯的政治哲学:他的义务理论》(*The Political Philosophy of Hobbes:His Theory of Obligation*,牛津:克拉伦登出版社,1957)。根据沃伦德所言,霍布斯并不是如

---

① 众所周知,霍布斯的第一部作品是对修昔底德《伯罗奔尼撒战争史》的翻译。

长期的无可置疑的传统所界定的那样是法律实证主义的先驱。我们不应在主权者的命令中,而应在产生于自然状态的自然法中寻找义务(包括政治义务)的基础。(因此,自然状态并非是一个没有义务的状态。)这些法律最终源于神的命令,它们是通过永恒诅咒的威胁和对永恒救赎的承诺而获得保证的。格洛弗(W. B. Glover)在其著作《上帝与托马斯·霍布斯》(God and Thomas Hobbes,1960,现收录于《霍布斯研究》[Hobbes Studies][第 207 页引用],第 141—168 页)中证实了霍布斯是一个基督徒并且是一个宗教作家的论点。胡德在前面第一部分已经提及的《托马斯·霍布斯的神权政治》中把这一论点推至极端。其结论是如此极端,以至于如果他们所描述的霍布斯的肖像是正确的话,那么霍布斯就将完全不是一个具有原创性的思想家了,并且我们也不能理解为什么几个世纪以来他的理论造成了这么多的麻烦。

从泰勒到沃伦德的解释路线不可避免地引发了强劲而又合理的回应。现在收录于《霍布斯研究》(第 73—87 页和第 57—71 页)的普拉门茨(Plamentz)的《沃伦德先生的霍布斯》(Mr. Warrender's Hobbes,1957 年)和布朗(S. M. Brown, Jr.)的《泰勒的论点:几点异议》(The Taylor Thesis:Some Objections,1959 年)都值得一提。沃特金斯在前面第一部分已经提到的专著《霍布斯的观念体系》中回到了一种对霍布斯著作的更加平衡和更加值得赞美的解释上来。沃特金斯重申了在霍布斯的政治哲学与他的整个哲学体系之间具有紧密联系的论点:"霍布斯关于自然、人和公民社会的思想彼此密切相连,并且形成了一个体系。在这个体系中,一些纯粹的哲学观念占据了关键地位。此外[211]……这些哲学观念暗含了其政治理论的如此重大的部分,从而为清教革命向他提出的政治问题提供了一种引人注目的解答。"(第 14 页)沃特金斯重申,霍布斯的自然法是审慎规则,而非伦理命令,以反对泰勒和沃伦德。《利维坦》的重要导论的作者迈克尔·奥克肖特在

1960 年发表的论文《托马斯·霍布斯写作中的道德生活》(见《政治中的理性主义》,伦敦:梅休因[Methuen]出版社,1962 年,第248—300 页)中,以一个睿智的判断认为,可以对将霍布斯视为无神论和有神论者的双重解释作出说明。根据奥克肖特的说法,霍布斯的政治著作既包含了一种针对入门者的隐秘学说,也包含了一种针对普通民众的显白学说。前者与霍布斯的哲学体系相一致,后者则依靠那些已经植入我们心中并且教导我们说自然法就是神圣命令的思想。

至少这两个主题产生了一些具有霄壤之别的解释。这一争论还远未结束。一方面,几个世纪以来,人们一直骂霍布斯是暴君的幕僚,而在 20 世纪 30 年代,人们又骂他是极权主义国家的先驱。除了已提及的卡尔·施米特的著作外,还有古奇的评价,见维亚拉图(J. Vialatoux)的著作《霍布斯的极权主义国家》(*La cité totalitaire de Hobbes*,里昂:Chronique Sociale,1936 年,1952 年[第 2 版]),和最近特雷沃·罗柏(H. R. Trevor Roper)的尖锐刻画,它如此总结霍布斯作品的意义:"它的公理是恐惧,方法是逻辑,结论是专制主义。"(《托马斯·霍布斯》,见《历史论文集》,伦敦:麦克米兰出版社,1957 年,第 234 页)

但是,沃特金斯在其著作末尾几页中提出了一些更为谨慎的保留意见。根据沃特金斯的说法,霍布斯只经历了内战这一场灾难,而我们却经历了内战和集权主义两场灾难(第 172 页)。然而,最近有一种逐渐增长的倾向,想要把激发了霍布斯国家观一些方面的自由主义精神突出出来:(a)他重视合法性原则,尤其是刑法中的合法性原则(M. A. 卡塔尼奥,《霍布斯的刑法理论》[La teoria della pena in Hobbes],载《法》[*Jus*],第 11 卷,1960 年,第 478—498 页;和《霍布斯与英法革命中的民主思想》[Hobbes e il pensiero [212] democratico della rivoluzione ingelese e francese],载《哲学史批判杂志》,1962 年,第 487—514 页)。(b)他根本就没有否

定反抗权。(迈耶尔-塔西[P. C. Mayer-Tasch],《霍布斯与反抗
权》[*Thomas Hobbes und das widerstandsrecht*],图宾根:莫尔
[Mohr]出版社,1965 年)。最近又出现了一种与传统形象相反的
不同形象。传统形象认为霍布斯是一个传统主义者和一个保守主
义者,是一个贵族生活观念的支持者,并与衰落中的封建等级绑在
一起。列奥·施特劳斯的《霍布斯的政治哲学》(第 114 页及以下)
和近来麦克弗森(C. B. Macpherson)的《占有性个人主义的政治理
论》(*The Political Theory of possessive individualism*)则提供了
一种与之不同的形象,将霍布斯描述为新兴的资产阶级权利的倡
导者和资本主义的第一个思想家。但是,托马斯(K. Thomas)在
他的《霍布斯政治思想的社会起源》(收录于《霍布斯研究》,第
185—236 页)中对这种观点进行了概括而又公平的评价。

三、关于霍布斯的三部著述

**1. 卡尔·施米特,《霍布斯国家学说中的利维坦》(*Der Leviathan
in der Staatslehre des Thomas Hobbes*),汉堡:汉泽亚提希出版社,
1938 年,共 132 页。**

　　像马基雅维利笔下的君主一样,利维坦不仅是一个著名的政
治理论标签,而且就其自身而言,也是战争的号角。这样,在历史
过程中,它更多的是热情和忿恨的对象,而非批评性研究的对象。
正如近年来在马基雅维利身上所发生的一样,现在,一种摆脱偏
见、无关爱恨的冷静的历史批判旨在恢复霍布斯的著作对于我们
的时代所具有的根本历史价值。我们可以把这部关于霍布斯的新
作看成是由一位当今德国最为博学和最具原创性的法学家所做的
一个接近利维坦的古老的神秘神话的思想努力,以便通过指出那
些在近代国家形成过程中曾经发挥作用的主题,对这种神话作出
一个一般性的评价。

[213]施米特著作的新颖之处在于他试图通过将对基督教和犹太人的符号学的研究与对霍布斯著作的文本分析联系起来,发现"利维坦"这一符号在这个作为"利维坦的先知"进入历史当中的人所持的国家观中的意义。首先,利维坦是"有朽的上帝"。对于那些捍卫国家、反对以教皇、长老会派和清教徒以上帝为基础的主张的人来说,此种首要的含义便具有一种根本性的论战价值。但是,国家也是一个代表性"人格",它通过一个人为的建构过程而形成,本质上是契约性的。最后,从国家作为人的产物、作为人的理智和事业的产物这一观念,便出现了国家作为"机械"的第三个意义。历史上看,最后这一个概念将成为最重要的概念。人的概念让位于机器的概念;这样,国家就被描绘为近代(事实上,它即将被称为技术时代)的第一个人造物。无疑,正是从国家作为机器这一形象出发,那个技术化的过程就开始了。通过这一过程,国家在从任何政治内容和任何宗教信仰那里获得了独立之后,就变成了一个中立的国家、一台命令的机器。

在这里,我们第一次面对近代国家。这是一个法律实证主义的国家;无论是在国内体制,还是在国际体系方面,它都与中世纪的国家相距千万里。在绝对君主国家中,利维坦充分意识到了(realizes)它自身,在近代国家中,它的命运得到了实现(fulfilled)。对它而言,致命之处就是私人信仰与公共忏悔之间的区分。霍布斯自己也允许我们对这一区分进行猜测,此后,它将成为自由主义国家的历史前提。一旦内在的良心领域得到接受和认可,作为"有朽上帝"的利维坦的神话就会破灭。这样,在另一意义上,利维坦就是建立在法(jus)——也就是法治——的基础之上的国家的先驱。但是,在这种理解下,被摒弃在政治领域之外的那些间接权力将[214]在国家内部组建党派,并且开始肢解国家,由此,国家也就在这里遭遇到其自身衰败的原则。

如果说霍布斯的政治大厦在今天仍有意义,那就在于它领导了反对一切间接权力的斗争。在近代政治史的过程中,这种更深的意义并非总是得到承认。一个显著的事实是,正是在它得以构思的国家,即英格兰,霍布斯的观念也没有实现,没有获得进一步发展。我们可以说,霍布斯选择代表其著作的符号模糊并且几乎歪曲了他的著作。一旦这部作品的直接效验消失,留下来的就只有这个符号及其唤起的所有恐怖。后来,这一符号也失去了所有的力量,随之也就失去了任何流行于世的机会。然而,施米特的结论是,我们不能说霍布斯的所有非同寻常的思考都已消散无余:霍布斯依然是一位无与伦比的政治学大师,依然是具有伟大的政治经验的最真正的大师。

2. 鲍尔(John Bowle),《霍布斯及其批评者:17 世纪宪政主义研究》(*Hobbes and His Critics:A Study in Seventeenth Century Constitutionalism*),伦敦:Jonathan cape,1951 年,共 215 页。

此书绝非索然无味,而是包含了意大利无法获得的那些作者们的丰富的一手信息。我把它推荐给那些想要对英格兰从 1640 年到洛克这一时段的政治与宪政讨论的丰富性与成熟性有所了解的人。正如加布里埃利(V. Gabrieli)所写的关于平等派的论文(《意大利历史评论》[*Rivista Storica italiana*],1949 年,第 162—235 页)、德马奇(E. De Marchi)所著的关于特怀斯登(Twysden)的著作(《西方》,1952 年,第 326—343 页)表明的那样,在我们中间,对这一主题想要了解更多的兴趣也在增加。如果我们把这一时期的作家一起(而不是一个个地)作为渗透于 17 世纪英格兰的思想和运动以及多种视角、趣味与风格的代表的话,那他们就是重要的。这些作家们在对霍布斯这个不受英格兰文化和政治传统待见的客人进行攻击时,为[215]我们描绘了一幅关于英国公共舆论的一些典型特征的栩栩如生而又令人信服的画卷。

《父权制》(*Patriarcha*)一书的著名作者罗伯特·菲尔默

(Robert Filmer)和亚历山大·罗斯(Alexander Rosse)是两个狂热的传统主义者。后者尤其坚持指控霍布斯是(摩尼教的)异端。埃克塞特(Exeter)和索尔兹伯里(Salisbury)的主教塞斯·沃德(Seth Ward)以思想自由的名义驳斥了霍布斯对大学的指控。另一个传统主义者圣戴维(St. David)的主教威廉·卢西(William Lucy)因其不友好的道德主义腔调而值得注意。《神圣政治和公民政治》(*Politiac Sacra et civilis*)的作者乔治·劳森(George Lawson)代表了对立的一方:他是一个清教徒,一个自由主义者,也是洛克的思想先驱。德里主教约翰·布拉姆霍尔(John Bramhall)对霍布斯的政治和宗教思想进行了猛烈的、范围广泛而又引人入胜的批判。之前,布拉姆霍尔已经在自由意志问题上与霍布斯发生过争论。(他是霍布斯唯一作出回应的对手,尽管回应的只是无神论的指控。)在所有热嘲冷讽者中,剑桥大学的伊查德(John Eachard)教授,以费兰图斯(Philantus)和蒂莫西(Timothy)之间的两篇对话,而成为最闪亮有力的批判者。克拉伦登亲王盖德的爱德华(Edward of Gyde)和约翰·怀特霍尔(John Whitehall)是最后的两个批判者。他们两个都是法律人,精通公共事务,而且在意识形态方面都是保守派。他们对霍布斯的批评饱含政治智慧,显示出对公共管理的良好素养。第一本[批判霍布斯的]小册子在1652年问世,最后一本在1679年问世。值得注意的是,无论是保守主义者还是自由主义者,无论是传统主义者还是革新者,无论是严守教规的圣公会教徒还是清教徒,他们都在一些根本观点上保持一致:首先,他们共同谴责霍布斯的唯物主义和无神论,维护自然法的宗教价值,捍卫对统治者行为的神圣认可;其次,他们一概拒绝霍布斯的政治理论所导致的绝对主义,捍卫由自然法或普通法对政治权力进行限制的宪政观念。霍布斯是一个对英格兰传统完全陌生的作家。相反,他的这些批评者都怀着或多或少的信念,诉诸于传统的力量。霍布斯是一个只讲理论的人,一个[216]抽象理论的建造者,一个政治建筑师。他的批评者们,尤其是布拉姆霍尔、克拉伦登和怀特霍尔,都指控他的方案"不切实际"。霍布斯是一个理性主义者,他尽量避免诉诸《圣经》,而批评者们的著作则充斥着《圣经》经文。他们把常识和传统结合起来,反对霍布斯的严格推理所得出的那些无意义的、危险的新颖结论。他们试图用对上帝的宁静的恐惧和对人性的谨慎的乐观去对抗霍布斯用来使教会权威服从于政治权威的厚颜无耻的犬儒主义,并且去反对霍布斯的那种使恶人当道、从恐惧中创造国家的令人恐怖的悲观主义。霍布斯这个渎神者甚至否认了私有财产,宣称主权者是国家领土的唯一所有者,并且胆敢声称坚持私有财产是公民的绝对权利的理论是一种煽动性的理论。

有时候,是既得利益在反对霍布斯这个将有权有势者的特权与公民的自然权利一同连根拔起的不计利益的三段论家。(尽管如此,还是有些人对霍布斯是或否不计利益有争议,指责他写《利维坦》是为了获取克伦威尔的欢心。)在别的时候,则是用对自由的热爱、对私人生活的尊重、对意见的宽容这些观念的动机去拒斥在暴力和恐怖的状态中缔结的、建立在一种负有法律义务的契约之上的主权权力压倒一切的、铁的非人的逻辑。霍布斯过于关注一个一以贯之的理论的建构,从而忽视了传统主义者和自由主义者双方的实际利益。同时,由于他对人性洞察秋毫,因而那些憧憬理想国家的人并不能打动他。一方面,像菲尔默这样的极端保守分子和克拉伦登这样的传统主义者都是反对国家的契约论基础,因为权力不是来自人民的同意,而是直接或间接地来自于上帝。另一方面,即使是自由主义的清教徒劳森也不接受社会契约,而是给它贴上乌托邦幻想的标签,因为在他看来,国家不是[217]一蹴而就的,而是通过人类社会的不断改善而逐渐形成的。平心而论,事情不可能两样:像霍布斯这样的只承认理性权威的人注定要与那些维护权威——不管是传统宗教的权威,还是历史的权威——的人士发生冲突。

　　当面对霍布斯的这些批评者时,政治思想史家所面临的问题是:一个个接踵而至的批判似乎都是有效的;然而,直至今日,霍布斯的伟大形象依然巍然屹立。霍布斯的批评者们或多或少说了一些正当而神圣的事情。但是,霍布斯则是一位伟大的政治作家,并且留下了深刻的印迹。他的批评者们(除了布拉姆霍尔和劳森可能是例外以外)只是一些二流作家,我们只有拂去他们躺在图书馆中的那些书卷上的积尘的时候,才能把他们挖掘出来。如果霍布斯像(追随其中一些人的)鲍尔倾向于相信的那样,确实更是一个哲学家,而不仅仅是一个政治思想家的话,也就是说,如果他是一个洞察秋毫的理论家和异端的领袖,而不是一个"具有政治家风度的作家"(第 46 页)的话,那我们也就无法理解他的学说曾经是(并且直到今天都被认为是)政治思想史上的一根支柱(难道这些支柱加在一起会比一打还要多?)。正是在霍布斯所造成的这两点上,我们必须对他的著作的重要性作出解释,同时也要解释:为什么他的那些看上去如此新潮、如此鲜活的理性批评者实际上已经故去,而人们宣布其已经死亡的霍布斯却仍然活着。对于政治科学的发展来说,这两点也非常重要:(1)霍布斯的政治理论第一次从理性主义出发将国家问题和公民问题体系化。(2)如鲍尔本人引用的梅因所注意到的那样(第 56 页),霍布斯的政治体系是对当时的基本现象的第一个具有充分意识的表达。这里所言的"当时的基本现象",就是中央集权国家的兴起,或者我宁可说成是,根据"除了国家之外不存在[218]法律秩序的其他渊源、除了法律之外也不存在法(jus)的其他渊源"这一原则,乃是国家对法律的独占。就第一点而言,他的批评者们犯了时代错乱的错误,因为他们在近代科学兴起的时代仍然抓住模糊不清的宗教主题与在科学上站不住脚的传统的法律和权威的神圣起源的观念不放。就第二点而言,这些批评者们正确地看到了霍布斯理论所必然产生的危险,即今天的极权主义国家;但是他们提出的那些救治方案是不够的,至少,霍布斯的哲学有力地预示的世俗的世界观已经取代了这些方案。

3. 明茨(Samuel I. Mintz),《搜捕利维坦》(*The Hunting of Leviathan*),剑桥:剑桥大学出版社,1962 年,共 189 页。

在霍布斯那个时代,他有许多敌人:至少在公共领域,他有的只是敌人。在 17 世纪后半叶的英格兰,关于霍布斯的作品非常之多,并且几乎都是论战性的。那些受霍布斯思想影响或在其中获得提示的作者都宁愿不提到他(就像洛克在他不久前刚发现的早期著作中所做的那样)。如果有人提到他,那就只是为了讨论他、反驳他、拒斥他和憎恨他而已。

许多年以前,鲍尔出版了他关于霍布斯的政治对手的著作《霍布斯及其批评者》(伦敦:Jonathan cape,1951 年)。我们在这里所说的这本新著进一步完善了鲍尔的著作。他尤其提到了霍布斯的形而上学和伦理学的那些批判者,即使一些如布拉姆霍尔主教这样的作家也保持不变。

霍布斯,这个无信仰的大祭司,是他那个时代的讨厌鬼(*bête noire*)。对他的主要指控就是无神论的指控。他的一些批评者——官方教会的一些可敬的神学家、剑桥的唯灵论者、学院哲学家和官方法学家——试图通过这一指控驳倒他,孤立他。(然而,我们的这位作者却认为霍布斯是一个有神论者,并且具有坚定的信仰)。无神论是霍布斯在形而上学中所坚持的唯物主义观念的逻辑结论,[219]它与伦理学中的决定论观念和对自由意志的彻底否定相连。明茨通过小心、精当地收集 17 世纪下半叶霍布斯批评文献中的一些最为有趣的文本,对无神论、唯物主义和决定论的主题给予了特别的关注。

剑桥柏拉图主义者亨利·莫尔(Henry More)和拉尔夫·卡德沃斯(Ralph Cudworth)的文本是这些文本中最为引人注目的部

分。但是，明茨并没有忽略一些比较次要的作家，像爱德华·施蒂林弗利特（Edward Stillingfleet）（他的作品与洛克思想的形成有关）、《对霍布斯先生的信经的检审》（1670 年）的作者托马斯·特尼森（Thomas Tenison），以及反对霍布斯对魔法和迷信活动以及女巫的大胆批评的格兰维尔（Joseph Glanvill）（《捍卫女巫与幽灵存在的哲学努力》[*A philosophical Endeavour towards the Defense of the Being of Witches and Apparitions*]，1666 年）。在一篇讨论霍布斯与布拉姆霍尔主教关于自由意志的争论的文章中，作者提到了霍布斯的一个非常有趣的通信人菲利普·坦尼（Philip Tanny），也提到了主教本杰明·拉尼（Benjamin Laney）。坦尼在一封信中表达了对自由问题的解答的一些怀疑，而拉尼则在霍布斯的作品《论自由与必然》重印之际撰写了一篇评论。

　　在王政复辟以后，对霍布斯的搜捕采取了另外一种形式，一下子变成了更加普遍和更具诽谤性的事情：霍布斯主义成了自由放荡（也就是不道德和不虔敬）的代名词。在戏剧诗、剧作和关于风俗的讽刺作品中，人们将霍布斯式的人描述为暴君、马基雅维利主义者和自然状态中的自私自利之徒，这种人没有道德上的顾忌，只追求自己的利益。

　　霍布斯唯一的命运就是在他自己的时代被孤立，没有追随者，但是正如作者正确地指出来的那样，他却对他的对手们产生了秘密的影响。他们接受了霍布斯的推理方式和论证方法，抛弃了那些建立在神圣文本之上的争论；并且他们为了回应他的挑战，也学会了运用事实和理性论证进行论战。对他的广泛、持续而又激烈的批评最好地证明了[220]人们听到了他的挑战。马基雅维利主义的命运也并无不同：对作者来说，这可能意味着某种有益的比较。

　　那些年的风暴以后，霍布斯的作品几乎全被遗忘了。一个半世纪以后，它又被边沁的功利主义和奥斯丁的法律实证主义给发

掘出来了。在 19 世纪上半期,莫里斯沃斯爵士出版了霍布斯全部
著作的第一版,至今它仍然是标准版。霍布斯的思想从来没有像
最近一些年以来那样,受到如此之多的分析研究和重新评价。这
种情况走得如此之远,以至于到了轻视他的政治保守主义(一个自
由主义的霍布斯,或是一个自由主义的先驱?),或是从他的著作中
推出一条自然法理论的线索的地步。(后者是沃伦德的论点,在我
看来,明茨正确地拒斥了这一观点。)甚至今天也会时不时地迸发
出一阵狂怒,令人回想起过去的愤怒。明茨回忆了许多人,其中就
有我们自己的帕皮尼。[①] 帕皮尼在《魔鬼》(*Diavolo*)中的评价使
人想起 1666 年塞缪尔·斯特里默休斯(Samuel Strimesius)给霍
布斯起的称号——"魔鬼的化身"。

---

① 译注:乔万尼·帕皮尼(Giovanni Papini,1881—1956 年),意大利记者、评论家、诗
　人、小说家,未来主义的领袖。他于 1903 年创办《列奥纳多》,1912 年出版自传体
　小说《一个没有希望的女人》,1913 年创办《莱采巴》。1920 年皈依天主教,创作了
　《耶稣传》(1921 年)、《圣奥古斯丁》(1929 年)、《活着的但丁》(1932 年)等作品。下
　文提到的《魔鬼》是他于 1953 年出版的一部作品。

索　引

（本索引所注页码为原书页码）

S

Scarcity, 39

Schmitt, Carl, 69, 70, 198, 208,
  212—214

Scholasticism, 34, 95

Science: demonstrable and not dem-
  onstrable, 35—36, 91; relativis-
  tic and absolutist conceptions
  of, 143

Scientific method, 88, 95

Security, 57, 98, 127, 129

Six Bookesof m Commnomweale,
  The (Bodin), 6, 95

Social contract. See Contract

Sovereignty: absoluteness of, 53—
  56, 75; and civil law, 56, 57,
  137; and common law, 56, 112;
  duties of the sovereign, 190—
  191; indivisibility of, 60—62, 83;
  irrevocability of, 49, 53, 124; and
  legitimacy of systems, 185—186;
  and natural law, 56—57, 58—59,
  65, 117—118, 130—131, 136—
  138, 139, 141—144; obedience to
  the sovereign, 93—95, 97—99,
  126, 140, 158—159, 163—164,
  169—170; and right reason, 57;
  sovereign as representative, 189;
  source of sovereign's authority,
  142; sovereigns relations with

subjects and other sovereigns,
  138—141. See also Government;
  Political power; State

State: Aristotelian theory of, 6—8;
  stole on, 5—6, 178; as artificial
  man, 47; Augustinian-lutheran
  conception of, 66; bourgeois
  state, 10—11, 12; church and
  state, 29, 63—66, 74, 76—78,
  80—81; compliance with law
  in, 46; conceptions of, 9; con-
  tractual basis of, 91, 94—95; as
  enforcer of laws of nature, 46, as
  guarantor of security, 98; and
  the family, 16; Haller on, 22;
  Hegel on, 23—25; Hobbes on,
  36—38, 74—75, 85—86, 91—
  92, 94—95, 99—100, 117, 144,
  161, 173—178, 194, 199, 213;
  Hobbes's definitions of, 49,
  187—168, as Leviathan, 100,
  101 176; liberal, 194; limita-
  tions on power of 54—55;
  Locke on, 128, as machine, 36—
  38, 69, 89, 100, 101, 208, 213;
  as means of attaining peace, 122
  modern, 67, 74—75, 85, 101,
  173—179, 213; monist concep-
  tion of, 173, 177—178, 183;
  and natural law, 135, 147, 165;
  pluralistic conception of, 177—

图书在版编目(CIP)数据

霍布斯与自然法传统/(意)博比奥著;何俊毅,
琚轶亚译.
--上海:华东师范大学出版社,2021
　　ISBN 978-7-5760-1263-7

　　Ⅰ.①霍…　Ⅱ.①博…　②何…　③琚…　Ⅲ.①霍布斯(Hobbes,Thomas
1588—1679)—哲学思想—思想评论　Ⅳ.①B561.22

中国版本图书馆 CIP 数据核字(2021)第 030251 号

华东师范大学出版社六点分社

企划人　倪为国

Thomas Hobbes
by Norberto Bobbio
Copyright © 1989 e 2004 Giulio Einaudi editore s. p. a. , Torino
Published in the Chinese language by arrangement with Giulio Einaudi Editore S. p. A.
Simplified Chinese Translation Copyright © 2020 by East China Normal University Press Ltd
上海市版权局著作权合同登记 图字:09-2015-912 号

霍布斯与自然法传统

著　　者　(意)诺伯特·博比奥
译　　者　何俊毅　琚轶亚
责任编辑　徐海晴
责任校对　王　旭
封面设计　刘怡霖

出版发行　华东师范大学出版社
社　　址　上海市中山北路 3663 号　邮编　200062
网　　址　www. ecnupress. com. cn
电　　话　021-60821666　行政传真　021-62572105
客服电话　021-62865537　门市(邮购)电话　021-62869887
地　　址　上海市中山北路 3663 号华东师范大学校内先锋路口
网　　店　http://hdsdcbs. tmall. com

印 刷 者　上海盛隆印务有限公司
开　　本　890×1240　1/32
印　　张　7.75
字　　数　170 千字
版　　次　2021 年 4 月第 1 版
印　　次　2021 年 4 月第 1 次
书　　号　ISBN 978-7-5760-1263-7
定　　价　58.00 元

出 版 人　王　焰